— 그림의 말들 —

| 일러두기 |

- 인명과 지명 등의 외래어는 국립국어원의 외래어 표기를 따르는 것을 기본으로 하되, 일부는 관용에 따라 예외를 두었습니다.
- 그림 제목은 〈 〉로, 그림 연작 제목은 《 》로, 도서명은 『 』로, 영화 및 드라마, 잡지의 제목은 「 」로 표시했습니다.
- 그림 정보는 화가명, 제목, 연도 순으로 기재했습니다.

인생에 질문이 찾아온 순간, 그림이 들려준 이야기

그림의 말들

대지원 지음

어른이 되는 길목에서
그림에게 배운 삶의 지혜

클랩북스

| 프롤로그 |

어른이 되는 길목에서 만난 그림들

장 프랑수아 밀레(Jean-François Millet)의 〈이삭 줍는 사람들〉이라는 그림을 아시나요? 옛날 동네 이발소에 많이 걸려 있던, 한국인에게 꽤 유명한 그림이지요. 그림은 추수가 끝난 가을의 드넓은 들판을 배경으로 하는데요. 이곳에서 땅에 떨어진 이삭을 줍는 세 여인이 그림의 주인공입니다. 당시에는 풍성한 수확이 끝난 뒤 가장 가난하고 힘없는 이들이 땅에 남은 이삭을 주울 수 있었다고 해요. 그래서인지 허리를 굽힌 채 이삭을 줍는 농촌 여인들의 모습은 고단하고 힘겨워 보입니다. 그럼에도 자신에게 주어진 일을 묵묵히 하고 있는 세 여인을 바라보면 경건한 분위기가 느껴집니다.

너무 유명한 그림이라 예전에는 별다른 감동 없이 지나치던 작품이었어요. 그런데 최근에는 마음이 혼란스러울 때마다 이 그림을 봅니다. 누군가는 나를 특별한 사람으로 알리고 내세워야 성공할 수 있다고 말하고, 누군가는 주식이나 부동산에 치열하게 투자해야만 살아남을 수 있다고 외치는 시대잖아요. SNS나 인터넷을 통해 화려한 성공과 멋진 일상을 누리는 사람들의 모습을 실시간으로 감상하며 내 일상을 초라하게 느끼기도 쉬운 요즘이고요. 세상을 떠도는 수많은 조언과 충고, 경고를 듣다 보면 '내가 시대에 뒤떨어진 사람이 아닐까', '어떻게 사는 게 맞는 걸까' 혼란스럽고 초조한 마음이 솟아날 때가 있어요.

그런 순간마다 〈이삭 줍는 사람들〉을 보면 200년 전에 살았던 화가 밀레가 조용히 이야기를 건넨다는 느낌이 듭니다. '성실하고 우직하고 소박한 삶도 나름대로의 의미가 있다'는 이야기를요. 남들 보기에 근사하고 화려한 삶이 주목받는 시대지만, 내게 주어진 인생의 무게를 꿋꿋이 짊어진 채 고군분투하며 지내는 중이라면 그것만으로도 충분히 의미 있는 삶이라는 답을 건네주지요. 소박한 진실을 붙잡고 살아갈 힘. 밀레의 그림을 감상할 때면 그런 힘과 용기를 얻습니다.

어릴 때는 나이를 먹고 어른이 되면 자연스레 의연하고 겸허한 태도를 보이게 될 거라, 흔들림 없이 살 거라 생각했습니다. 그런데 경험해보니 어른이 되는 건 혼란 속에서 삶이 던지는 어려운 질문을 끊임없이 마주하고 흔들리는 과정이었어요. 그 쉽지 않은 질문을 마주할 때마다 저는 그림을 들여다봤습니다. 빈센트

반 고흐(Vincent van Gogh)의 그림은 외로움을 껴안고도 끝까지 원하는 방향으로 생을 이끌어가는 힘을 보여줍니다. 오귀스트 르누아르(Auguste Renoir)의 그림은 유쾌하고 즐거운 장면이 인생을 얼마나 빛나게 해주는지 말해주었어요. 빛의 화가 클로드 모네(Claude Monet)의 그림은 지금 이 순간이 유일한 진실이라는 답을 던져주었습니다.

그래서일까요? 그림은 저에게 단단하면서도 다정한 말을 건네는 사람처럼 느껴집니다. 때로는 섣부르게 아는 체하지 않고 삶에 대해 이야기해주는 선배처럼, 때로는 내 말에 정성스레 귀 기울여주는 친구처럼 다가오지요.

어른이 되는 길목에서 그림이 건네준 이야기. 이 책 『그림의 말들』에는 그런 이야기가 담겨 있습니다. 이 책은 지난 2년간 글쓰기 플랫폼인 브런치에 연재한 글을 엮어 만들었습니다. 운이 좋게도 2020년 말, '브런치북 프로젝트'에서 대상을 받으면서 글의 일부는 『그림으로 나를 위로하는 밤』이라는 책으로 독자분들을 만났어요. 그 책을 읽으며 생각지 못한 위로를 받았다고 말씀해주신 분들이 많았습니다. 그림을 통해 도움을 받았던 내용을 담담히 기록한 글이었는데, 제 이야기가 누군가에게 마음의 위안을 드릴 수 있다는 걸 그때 처음 깨달았어요. 이것이 글쓰기를 이어갈 힘이 되었고, 용기가 되었지요. 기다려주시는 분들이 계셔서 책이 출간된 후에도 온라인상에 글 연재를 매주 계속해나갈 수 있었고, 덕분에 이 책이 세상에 나올 수 있게 되었습니다.

전작이 마음속 상처와 고민을 꺼내어 보듬어가는 이야기를 주로 다루었다면, 이번 책 『그림의 말들』은 좀 더 '앞을 향해 나아가는 이야기'에 초점을 맞추고 있습니다. 어른이 되는 이야기, 혼란 속에서도 중심을 단단하게 잡아나가는 이야기를 많이 다룹니다. 매거진에 글을 올렸던 시기는 제 마음이 많이 흔들리던 때와 맞물려 있었어요. 그만큼 관계, 행복, 삶의 태도 등 인생이 던지는 근본적인 질문에 답해야 하는 순간이 많았고, 그 순간마다 저는 그림 속에서 답을 찾아보았습니다. 치열하게 고민하고, 질문에 답하며 깨달았어요. 매사에 의연하거나 초연할 수는 없지만, 흔들림 속에서도 중심을 잡으며 한 발짝씩 나아가는 것, 그것이 어른이 되어가는 과정이라는 걸요. 그렇게 발걸음을 내디디며 찾아낸 답을 이 책에 담았습니다.

책은 크게 네 부분으로 나뉘어 있어요. 1장 '마음이 흔들리는 순간 알아야 할 것들'에서는 그림을 통해 인생을 더 다채로운 시선으로 바라보는 방법을 담았습니다. 2장 '나 자신과 잘 지내고 싶다면'에서는 명화를 통해 나를 이해하고, 내 마음을 돌보는 방법에 대한 이야기를 나눴지요. 3장 '적당한 거리가 관계를 아름답게 만든다'에서는 사람 사이의 관계에서 나타날 수 있는 다양한 문제를 풀어가는 해법을 찾아봅니다. 4장 '지치고 힘들어도 다시 일어나는 법'에서는 인생의 힘겨운 순간을 맞닥뜨렸을 때 포기하지 않고 스스로를 다독여 다시 일어나 나아가는 방법에 대해 이야기합니다.

살아간다는 것이 이따금 뿌연 안개 속을 헤매는 일처럼 느껴질 때가 있어요. 그럴 때마다 그림을 바라보면서 새로운 길을 찾아갈 수 있다는 것, 그런 이야기를 여러분께 들려드리고 싶었어요. 이 책이 읽는 분들에게 용기와 위안을 안겨드리기를 바라는 마음입니다. 마지막으로 온라인상에서 글을 읽고 응원과 공감의 말씀을 전해주신 분들에게 진심으로 감사드리고 싶습니다. 읽어주는 분들이 없었다면 세상에 나오지 않았을 이야기니까요. 더불어 이 책이 나오기까지 고생하신 클랩북스 출판사 분들과 이리현 편집자님께 특별한 감사의 말씀을 건네고 싶습니다.

2022년 8월

태지원

•CONTENTS•

Chapter 1

마음이 흔들리는 순간 알아야 할 것들

Chapter 2

나 자신과 잘 지내고 싶다면

Chapter 3

적당한 거리가 관계를 아름답게 만든다

Chapter 4

지치고 힘들어도 다시 일어나는 법

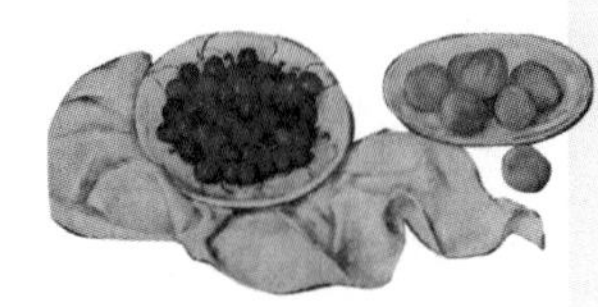

··· Chapter 1

마음이 흔들리는 순간 알아야 할 것들

재능이 없다고
꿈을 접어야 할까

&

영화 「아마데우스」를 처음 본 건 초등학교 4학년 때였다. 토요일 밤마다 방영하던 주말의 명화에서 천재 볼프강 아마데우스 모차르트(Wolfgang Amadeus Mozart)의 이야기를 다룬 이 작품을 접했다. 당시에는 어렸기 때문에 모차르트를 연기한 톰 헐스(Tom Hulce)의 킬킬거리는 웃음소리가 괴상하고 낯설다는 생각만 했다. '천재란 대체로 괴상한 행동을 하는 인간이군.' 지레짐작도 이어졌다. 몇 년 후 영화를 다시 감상할 기회가 왔을 때, 비로소 깨달았다. 영화의 실질적 주인공은 천재 모차르트가 아니라 그의 재능을 질투하던 노력형 수재 안토니오 살리에리(Antonio Salieri)임을. 재능에 대한 시기심과 경외감 사이를 오가며 번민하는 한 인물의 이야기, 그게 영화의 주요 내용이었다.

각고의 노력 끝에 음악으로 나름 성공하며 궁정 음악가로 활동하던 살리에리. 어느 날 그는 젊은 음악가 모차르트를 만난다. 자신은 며칠을 씨름해야 겨우 해내는 작곡을 단 몇 분 만에 끝내는 모차르트를 보며 살리에리는 질투와 시기, 동경이 뒤얽힌 복잡한 감정에 사로잡힌다. 결국 그는 신의 편애를 저주하며 모차르트를 파멸시킬 모략을 꾸미고, 이 때문에 타고난 천재는 서서히 죽음에 이른다. 죽어가는 모차르트가 마지막 힘을 쏟아 작곡을 하고 살리에리가 이를 악보로 받아 적는 장면이 있다. 위대한 창조의 순간을 바라보며 감탄과 시기가 뒤섞인 표정을 드러내던 살리에리의 얼굴. 아직도 잊히지 않는 장면이다.

글쓰기를 본격적으로 시작하면서 나는 자주 살리에리에 감정이입했다. 주로 누군가의 빛나는 글 앞에서, 글쓴이에 대한 열등감에 사로잡힌 채로. 세상에는 글 잘 쓰는 이들이 너무 많다는 생각을 했다. 때로는 궁금했다. 이 뛰어난 문장력과 스토리텔링 실력은 타고난 걸까? 유려한 표현력과 기발한 아이디어는 어디에서 비롯된 걸까? 머릿속 질문은 끝내 내 재능에 대한 물음으로 이어졌다. 나에게 글 쓰는 재능이 있는 걸까, 없는 걸까? 글을 쓰는 데 타고난 재능이 결정적인 요소라면, 그 반짝이는 무언가가 내 안에 존재하는 게 맞을까? 내가 어차피 살리에리와 비슷한 처지라면(아니, 실제로는 살리에리도 상당히 성공한 음악가가 아닌가! 그보다 못한 처지일 가능성이 더 크다) 글쓰기에 대한 짝사랑을 일찍 놓아주는 게 낫지 않을까?

재능의 새로운 지평을 열다, 알폰스 무하

내 재능에 대한 의구심이 머릿속을 떠나지 않을 때마다 떠오르는 화가가 있다. 알폰스 무하(Alphonse Mucha, 1860-1939). 재능의 새로운 영역을 스스로 개척한 예술가다.

무하는 모라비아(현재 체코의 동쪽 지방에 있는 지역)의 이반치체라는 작은 마을에서 법원 서리의 아들로 태어났다. 어릴 때부터 미술을 좋아하던 아이였다. 1878년에 그는 희망하던 대로 프라하 조형예술 아카데미에 지원한다. 교수는 "그림을 잘 그리는 사람이 많으니 돈을 더 벌 수 있는 다른 일을 찾아보라"는 조언과 함께 그에게 불합격을 안겨주었다. 화가로서의 재능이 충분치 않다는 냉정한 선고였다.

하지만 무하는 쉽게 굴하지 않았다. 얼마 후인 1880년, 오스트리아 빈으로 발걸음을 옮긴 무하는 극장의 무대 배경을 만드는 회사에서 그림을 그리며 지냈다. 하지만 2년 후 작업장에 불이 나며 회사는 문을 닫는다. 이후 고향 모라비아로 돌아가 초상화나 장식미술 작업을 계속했다. 이때 만난 쿠엔 벨라시(Khuen Belasi) 백작의 후원으로 뮌헨 미술 아카데미에서 정식 교육을 받을 수 있게 된다.

1887년에는 프랑스 파리로 가서 두 곳의 미술학교에서 진보적인 양식의 그림을 배웠다. 신문이나 잡지, 광고 삽화를 그리는 일도 해나갔다. 1895년, 가난한 인쇄공에 불과했던 그의 인생에 새로운 전환점이 찾아온다. 파리의 유명 배우 사라 베르나르(Sarah Bernhardt)가 주연한 연극 「지스몽다」의 공연 포스터를 제작한 것이 계기였다. 원래 작업을 맡아야 할 사람이 자리를 비워 대리로 맡게 된 일이었다. 화려한 색감과 세로로 긴 모양의 포스터가 파리 길거리에 붙었고, 그날로 이 포스터는 대중들에게 선풍적인 인기를 끌었다.

(좌) 무하가 제작했던 「지스몽다」의 공연 포스터
(우) 「지스몽다」의 주연이었던 당대의 배우 사라 베르나르의 모습

덕분에 무하는 명성을 얻었고, 상업적 성공 또한 거머쥐었다. 회화, 포스터, 광고, 책의 삽화뿐 아니라 보석이나 카펫, 벽지 제작 등 다양한 분야에서 일이 들어왔다. 그는 유럽뿐 아니라 북미에서도 장식 예술가로 이름을 널리 알리기 시작했다. 꽃으로 꾸며진 배경 가운데 젊고 아름다운 여성이 네오 클래식 스타일의 옷을 입고 서 있는 모습이 그의 대표적 그림 양식이었다. 처음에 '무하 스타일'로 불리던 이 표현 기법은 곧 '아르누보 양식'(Art Nouveau, 불어로 '새로운 예술'을 뜻하며, 꽃이나 식물 덩굴에서 따온 장식적인 곡선을 특징으로 한 예술 양식을 말한다. 19-20세기에 건축, 광고, 가구 등 다양한 분야에서 인기를 끌었다)의 대명사로 자리 잡는다.

하지만 이런 큰 성공에도 불구하고 무하의 마음속에는 고향에 대한 그리움과 예술 세계에 대한 갈증이 남아 있었다. 결국 1910년, 무하는 조국인 체코공화국으로 돌아가 18년 동안 고대부터 현대에 이르는 슬라브 민족의 역사에 대한 연작을 그리기 시작한다. 가로 8미터, 세로 6미터의 거대한 캔버스에 스무 점의 그림을 제작하는 기념비적인 작업이었다. 화가는 신비롭고 투명한 분위기를 구현하며 슬라브인들의 역사와 정체성을 캔버스에 담아냈다. 《슬라브 서사시》 연작이라 불리는 작품들이다.

《슬라브 서사시》 연작을 그리던 시기의 무하는 국가를 위해 다양한 활동을 했다. 1918년 체코슬로바키아 정부가 만들어진 후 무하는 새 정부의 지폐, 우표나 은행권, 문서 등을 디자인해 무상으로 제공했다. 이후 독일의 나치가 프라하를 점령한 뒤, 히틀

알폰스 무하, 〈슬라브 서사시 연작 No. 20: 슬라브 찬가, 인류를 위한 슬라브인들〉, 1926

러 정부는 무하의 민족주의적 성향을 위험한 것으로 규정했다. 무하는 독일군에 끌려가 여러 차례 고된 심문을 당했고 이로 인해 폐렴을 앓다가 1939년에 사망했다. 나치는 그의 장례식에 친인척만이 참석할 수 있도록 했지만, 10만 명 이상의 체코 민중이 모여들어 국민 화가의 죽음을 기렸다.

무하는 끊임없이 자신의 예술적 지향점을 재정비한 화가였다. 재능을 의심받던 시기도 있었으나, 단순히 주변의 평판에 굴하지 않은 정도가 아니라 새로운 재능을 구현하며 살아나간 예술가였다. 상업적 성공의 시기에도 안주하지 않고 예술에 대한 갈망과 조국에 대한 사랑을 캔버스에 표현해내는 데 힘을 기울였다. 그가 펼쳐낸 재능은 한마디로 형언하기 어려운 종류의 것이었다.

재능을 하나의 잣대로 규정할 수 있을까

무하의 예술을 어떻게 표현할 수 있을까. 젊은 시절 들었던 충고와 달리, 그에게는 다른 이들이 알아채지 못한 재능이 있었다. 자신이 원하는 바를 살펴가며 예술의 표현 영역을 확장해나간 용기, 이것이 화가가 가졌던 천부적인 재능이라 할 수 있지 않을까.

어떤 분야든 꿈을 향해 나아가다 보면 자신의 재능에 의구심이 들 때가 있다. 각각의 분야마다 빛나는 재능을 지닌 이들이 꼭 눈에 띄기 마련이니까. 재능을 거대한 하나의 덩어리로, 고정불변한 것으로 규정하다 보면 주변의 누군가와 비교를 거듭하게 된다. 심적 괴로움이 솟아나고 조바심이 난다. 그러니 재능이라는 말의 영역과 스펙트럼을 더 넓게 보아야 하는 것 아닐까. 재능의 유무로 자신을 재단하기 전에.

고백하건대 나 역시 재능의 유무에 대해 섣부른 판단을 거듭했다. '나는 재능이 부족하다', '재능이 없으니 한계가 있다'는 식의 말을 되뇌었다. 나는 유려한 문장력이나 뛰어난 표현력을 갖춘 사람은 아니다. 문학적 상상력도 부족하다. 만약 내가 소설이나 시를 쓰는 일로 글쓰기에 도전했다면 한 달 만에 재능의 부재를 인정하며 손을 떼었을 것이다. 하지만 정보를 담은 글쓰기나 책 쓰기에 필요한 몇 가지 재능이 내 안에 존재함을 발견했다. 먼저 나에겐 자료를 빠르게 찾아내는 능력이 있다. 두 가지 이상의 분야를 엮어서 새로운 걸 만들어내는 걸 좋아하는 편이다. 지식을 엮어 글을 쓰는 데 유리한 자질이다. 무엇보다 나는 마감에 맞춰 글을 쓸 줄 안다. 글 쓰는 일을 이어가기에 긴요한 재능 아닐까.

이는 내게만 적용할 수 있는 논리는 아니라고 생각한다. 글을 쓰는 이들에게는 각기 다른 카테고리의 재능이 있다. 어떤 이들은 흥미로운 소재를 찾아내는 능력이 있고, 누군가는 절로 빠져들게 만드는 스토리텔링 실력이 있다. 또 다른 이는 일상의 작은 조각을 잡아내 특유의 감성으로 이야기를 펼쳐낸다. 간결하고 축

약된 언어로 깊은 힘을 가진 글을 내보이는 이들도 있다.

언젠가 작사가 김이나의 글을 읽은 적이 있다. 음악을 원래 좋아했고, 음악에 관련된 일을 하고 싶었던 그는 벨 소리를 제작하는 회사에서 일하는 평범한 직장인이었다. 음악을 배우고 싶어 무작정 작곡가 김형석을 찾아가 제자로 받아달라 부탁한 적이 있는데, 이때 작곡에 재능이 없다는 사실을 알게 되었다 한다. 그러나 이 과감한 시도 덕에 작사라는 분야가 자신에게 적합하다는 사실을 알게 되었고, 이후 직장인이자 작사가로 활동하며 지금에 이르렀다는 이야기였다. 꿈을 놓지 않고, 좋아하는 분야로 천천히 걸어가는 길도 있음을 알려주는 일화다. 현실에 두 발을 딛고 서서 자신의 재능에 적합한 분야를 조금씩 찾아가는 방법도 존재하는 셈이다.

꿈을 꾸는 이들을 좌절로 이끄는 재능의 멀티 플레이어들이 존재하는 건 사실이다. 그러나 다행히 우리 각자에게 주어진 재능의 카테고리가 있다. 많은 이들이 재능을 쉽게 규정하고, 스스로를 재단하고, 어두운 미래를 상상하며 꿈을 포기한다. 조급한 마음을 뒤로 물리고 현실에 발을 디딘 채 한 발씩 나아가다 보면, 내 재능의 카테고리를 살펴볼 시간은 충분하다. 열정만으로 길게 펼쳐낼 수 있는 꿈은 없다. 재능으로만 버틸 수 있는 분야도 존재하지 않는다. 꿈과 재능을 섣불리 한 가지로 규정하지 말고 조금씩 몸으로 부딪혀보는 게 먼저일지 모른다.

인생의
좋은 운을
기다리는 방법

&

'대운(大運)'이라는 단어를 검색해보던 시기가 있었다. 모든 일이 잘 풀리지 않는다고 느끼던 때였다. 내가 쓴 책은 영 팔리지 않는 것 같았고, 새로운 글을 써야 했으나 한 문장도 수월하게 나오지 않았다. 집안일과 육아도 엉망진창인 상태였다. 탓할 수 있는 걸 전부 탓해보다, 이건 아무래도 '운' 때문인 것 같다는 결론을 내렸다. 사람이 운 나쁜 시기에 놓여 있으면 하는 일이 전부 안 풀린다더니. 과연 내가 그 힘든 시기라 한 발짝도 새롭게 내딛기 어려운 거라고 생각했다.

범인을 잡고 나니 새로운 의문이 꼬리를 틀었다. 지금이 운 나쁜 시기라면 좋은 운은 대체 언제 나타난단 말인가? 구글이나 유튜브가 답을 던져줄 수 있을 거라는 근거 없는 예감이 들었다. '대운이 바뀔 때 나타나는 징조'라든가 '운이 좋아지는 신호', '운이 바뀔 때 나타나는 증상' 등 어구를 적절히 바꾸어가며 인터넷 검색을 했다. 혹여 행운의 여신이 우리 집 문을 두드리고 있는데, 멍하니 있다 놓치면 큰일이니까.

정보의 바다에서 몇 가지 새로운 사실을 알아냈다. 대운은 흔히 오지 않는 소위 '대박의 운'을 의미하기도 하지만, 주로는 '10년마다 바뀌는 커다란 운의 흐름'을 의미한다는 정보였다. 현재 내 상황이 최악이니까 다음에 올 대운의 시기는 나름대로 괜찮은 10년이 되리라는 상상을 제멋대로 해봤다. 대박의 운은 아니더라도 최악은 면하겠지 싶었다. 예전엔 점집을 찾아다니며 인생 상담을 하던 엄마와 언니를 '비과학적'이라 생각했던 나였는데, 인생의 하강 국면을 맞고 나니 나 역시 누구에게도 뒤지지 않는 운명주의자가 되어 있었다.

인터넷을 찾아보니 예상대로 내 30대의 대운이 그리 밝지 않다는 결과가 나와 있었다. 다음 대운은 43세에 찾아온다는 정보도 입수했다. 43세. 아직 몇 년이 남아 있었다. 행운의 여신은 우리 집 바로 앞에 서 있지 않았다. 수백 킬로미터 멀찍이 떨어진 채 미소 짓고 있었다. 수년을 기다려야 한다니, 그때까지는 암흑기의 기나긴 터널을 지나야 한다는 것인가! 갑작스레 애가 닳았다. 할 수만 있다면 43세가 되는 해로 순간 이동하고 싶었다.

카르페디엠,
〈할 수 있을 때 장미 봉오리를 모으라〉

행운이라는 단어가 내 삶에서 멀찍이 떨어져 있다고 느껴질 때마다 찾아보는 그림이 있다. 존 윌리엄 워터하우스(John William Waterhouse, 1849-1917)의 〈할 수 있을 때 장미 봉오리를 모으라〉라는 그림이다.

화사한 정원에서 두 여성이 부지런히 움직이는 중이다. 서양 고전에 나올 법한 스타일의 분홍빛과 푸른빛 옷감이 여성들의 젊음을 더욱 돋보이게 만든다. 이미 한 움큼의 장미 봉오리를 손에 쥐고 있는데도, 여성들은 허리를 숙인 채 손을 쉴 새 없이 움직이며 새로운 장미를 모으고 있다.

작품을 그린 존 윌리엄 워터하우스는 1849년 로마에서 태어났다. 부모는 영국인이었지만 이탈리아에서 어린 시절을 보내 그리스 로마 신화나 문학 등 고전의 주제에 익숙했고, 이는 훗날 그의 작품 세계에 큰 영향을 미치게 된다. 그는 다양한 신화에서 비롯된 주제나 문학의 알레고리를 소재로 하여 그림을 그렸다.

〈할 수 있을 때 장미 봉오리를 모으라〉는 17세기에 살았던 영국의 시인 로버트 헤릭(Robert Herrick)의 시 「소녀들에게의 충고」에서 영감을 받아 만들어진 작품이다. 영화 「죽은 시인의 사회」에서 키팅 선생님이 첫 수업에서 엄격한 규칙과 보수적인 분위기에 억눌린 채 지내던 학생들에게 읊어주었던 바로 그 시다. 시에는

존 윌리엄 워터하우스, 〈할 수 있을 때 장미 봉오리를 모으라〉, 1909

다음과 같은 구절이 등장한다.

> 할 수 있을 때 장미 봉오리를 모으라,
> 시간은 기다려주지 않고
> 오늘 미소 짓는 이 장미도 내일은 지고 있으리니.

그림 속 장미는 탐스럽게 펴 있다. 싱싱한 자연의 초록빛, 여성의 젊음 역시 생동감이 넘친다. 그러나 이 모든 것이 내일 어떤 운명을 맞을지 알 수 없다. 시간은 빠르게 달아나고, 인간은 자신의 운명이 어찌 될지 예측하지 못하는 상태로 하루하루 죽음에 가까이 가는 존재니까. 그래서 그림 속 여성들은 부지런히 장미 꽃봉오리를 모으고 있다. 그저 오늘을 살겠다는 다짐으로.

헤릭의 시는 키팅 선생님의 말처럼 현재의 장미가 사라지기 전에 '오늘을 잡으라(Seize the day)'는 메시지를 전한다. 라틴어로는 그 유명한 카르페디엠(Carpe diem)이라는 문구로 옮길 수 있다. 카르페디엠은 고대 로마 공화정 말기에 살던 시인, 호라티우스 플라쿠스(Horatius Flaccus)가 자신의 라틴어 시에 썼던 한 구절에서 유래한 말이다. 호라티우스는 "오늘을 붙잡게, 가급적 내일이란 말은 최소한만 믿으면서(Carpe diem, quam minimum credula postero)"라는 문구를 시에 담았다.

이 짧은 라틴어 문구는 무엇을 뜻하는 걸까. 호라티우스는 로마 시대 에피쿠로스학파의 정신을 이어받은 이였다. 에피쿠로스학파는 로마보다 앞선 헬레니즘 시대에 쾌락주의를 중시하던 철학자들을 말한다. 쾌락을 중시하는 학파의 정신을 이어받았다면, 호라티우스의 '카르페디엠'이라는 문구도 같은 맥락에서 유추해야 하는 걸까. 어차피 죽음이 눈앞에 다가올 테니 돈과 시간을 아끼지 말고 오늘의 향락을 즐기라는 건지 의문이 생겼다.

그러나 살펴보니 일반적인 오해와 다르게 에피쿠로스학파가 지칭했던 '쾌락'은 일시적이고 감각적인 것이 아니었다. 무분별하게 욕구를 충족하며 하루의 사치를 즐기는 건 오히려 잠깐의 육

존 윌리엄 워터하우스, 〈할 수 있을 때 장미 봉오리를 모으라〉, 1908

체적 쾌락이 지나간 후 기나긴 고통을 가져올 수 있다. 그들이 언급한 쾌락은 고통 없이 정신이 편안한 상태에 가깝다. 즉, 육체에 고통이 없고 영혼에 불안이 없는 소박한 만족의 삶을 이른다. 한동일 저자의 『라틴어 수업』에 따르면 '카르페디엠'은 오늘 눈앞의 것만 챙기고 감각적인 쾌락에 의존해 살라는 것이 아니라 짧은 삶 속에서 매 순간 충만한 생의 의미를 느끼며 살아가라는 메시지를 전하는 말이다.

이런 시선으로 본다면 장미는 단순한 꽃, 일시적 즐거움이나 육체적 쾌락을 지칭하는 것이 아닌, 현재 누릴 수 있는 다채로운 삶의 경험을 의미하는 것 아닐까. 인생의 저 너머 어딘가에 있는 멋진 삶을 꿈꾸다 우리가 놓치는 '오늘'을 상징하는 것인지도 모른다.

화려한 미래를 꿈꾸다
일상이 지루해질 때는

대운을 한참 검색해보던 시기, 나는 행운의 여신이 내게 미소 지을 날만 막연히 기다렸다. 내가 경험해보지 못했던, 행운으로만 가득 찬 삶이 어딘가에 존재할 거라 여겼다. 되돌아보면 '건너편 어딘가의 삶'을 꿈꾸느라 현재의 내 삶을 망각하는 때가 많았다.

그러나 오늘의 장미가 내일은 사라질 수 있다는 사실을 기억하면, 꿈속 어딘가를 헤매던 발길을 '현재'라는 시점에 붙잡아둘 수 있다. 일상을 번잡스럽게 만들던 고민이나 잡념을 거두어내고, 지금 내 눈앞의 장미에 집중하게 된다. 앞으로 잘 풀릴 거란 막연한 기대로 하루를 낭비하는 행보도, 화려한 내일을 이루기 위해 오늘을 희생하는 발걸음도 잠시 멈출 수 있다.

내일에 매달리다 현재의 귀중함을 잊은 나를 느끼면 질문을 던져본다. 오늘이 삶의 마지막 날이라면 무엇을 해야 후회가 줄어들까? 답을 구해보면 그날 1순위로 해야 할 일이 명확해진다. 어떤 날은 내 아이를 있는 힘껏 안아줘야 한다는 답이 들리고, 어떤 날은 좋아하는 글쓰기에 충실하라는 마음의 명령이 돌아오기도 한다. 겁먹지 말고 새로운 것을 시도하라는 이야기가 들릴 때도 있다. 날마다 조금씩 다른 답이 주어지지만 공통점은 있다. 대체로 '나'를 중심으로 두고 하루를 살아가라는 답, 다채로운 경험을 늘려보며 삶의 희로애락을 모두 느껴보라는 답이 돌아올 때가 많다.

화려한 대박을 꿈꾸다 일이 풀리지 않거나 현실이 버거울 때에는 앞날에 대한 생각을 잠시 접어두고, 오늘의 경험과 감정에 집중해보자. 내일이 되면 오늘의 장미는 사라질지도 모르니까.

새옹지마,
인생의 재해석

&

초등학생 시절, 전철을 타며 등하교를 한 적이 있다. 초등학교 1학년 때 옆 동네로 이사를 간 것이 계기였다. 이사한 동네에도 초등학교가 있었지만, 어쩐 일인지 언니와 나는 전학을 가지 않고 원래 학교에 그대로 다녔다. 세 살 위인 언니가 이미 초등학교 고학년이라 그랬는지, 예민하고 울보였던 내가 전학을 가면 적응하기 어려울 거란 엄마의 판단 때문이었는지 정확한 이유는 모르겠다. 어쨌든 언니와 나는 전철을 타고 한 정거장을 이동해 학교와 집을 오갔다.

처음에는 이 등하교 방식을 싫어했다. 일단 출근길에 잔뜩 찌푸린 채 전철에 올라타는 어른들 모습을 보는 게 즐겁지 않았다. 비나 눈이 오는 날에는 전철역 계단을 오르내리는 게 번거롭기도 했다. 몸집이 작은 여자아이가 신발주머니를 흔들며 전철에 올라타는 광경을 본 어른들은 때때로 애처로운 시선을 보냈다. 날 가출한 초등학생으로 보았는지 "그러지 말고 집에 빨리 들어가라"고 채근하는 어른들도 있었다. 나는 머릿속으로 그 등하굣길을 '싫음' 내지는 '별로'의 카테고리로 분류해 넣었다.

그러나 시간이 지날수록 전철역을 오르내리는 일은 익숙해졌고, 점점 썩 괜찮은 일과로 자리 잡았다. 나름의 묘미도 찾았다. 혼자 전철역 플랫폼에 서서 갖가지 공상을 거듭할 수 있었다. 어른들과 함께 전철에 올라타며 성인들의 세계를 엿본 듯 우쭐함을 느끼기도 했다. 독립적인 아이라는 자부심도 생겼다. 남들이 뭐라 생각하든 나는 그 일을 '싫음'의 카테고리에서 꺼내 '좋음'으로 분류해 넣었다. 되돌아보면 그 기묘한 등하굣길은 내게 좋은 경험이었다.

살면서 어떤 사건을 마주할 때면 늘 '좋은 일'과 '나쁜 일'로 분류하곤 했다. 물론 분류 작업의 결과가 뒤바뀌는 일도 있었다. 고3 가을, 수시에 지원한 학교에 떨어졌을 때는 깊은 슬픔에 빠졌다. 그러나 수시에 불합격한 덕분에 다른 대학에 붙어 인생에서 중요한 친구들을 만날 수 있었다. 6년 전 남편이 해외 취업을 하게 되었을 때, 이건 인생에 다시 오지 않을 기쁜 일이라며 환호했다. 가계경제에도 도움이 되고, 일을 쉰 채 내 손으로 아이를 키울 수 있는 기회였으니까. 해외에 지내며 마음이 힘들었던 시기에는 그 선택이 내 인생에서 가장 잘못되고 어긋난 결정인 것 같았다. 그러나 생각의 방향을 조금 바꿔보니, 해외 생활을 하며 글쓰기라는 새로운 취미를 찾을 수 있었으니 나쁜 일만은 아니었다. 인생에 마주했던 사건 대부분이 완벽하게 좋은 일로도, 나쁜 일로도 해석할 수 없는 것들이었다. '좋음'과 '나쁨'의 카테고리는 언제든 바뀔 가능성이 있었다.

생동감 넘치는 계절의 비밀,
장 프랑수아 밀레의 〈봄〉

이따금 '나쁨'의 카테고리에 넣고 싶은 사건을 마주할 때면 프랑스 화가 장 프랑수아 밀레(Jean-François Millet, 1814-1875)의 그림을 떠올려본다.

밀레는 노르망디 지역의 작은 마을에서 태어났다. 농업을 주로 하던 곳에서 자란 덕분에 그는 농민의 삶을 관찰할 수 있었다. 일찍이 아들의 재능을 발견한 아버지는 셰르부르라는 지역에 아들을 보내 그림을 배우게 했다. 이후 파리로 진출해 미술학교 에콜 데 보자르에서 역사화가 폴 들라로슈(Paul Delaroche)에게 그림을 배우고, 프랑스 서민들의 생활을 사실적으로 그렸던 오노레 도미에(Honoré Daumier)의 회화를 접하며 자신의 작품 세계를 구축해나간다.

1848년 작 〈곡식을 키질하는 사람〉이라는 그림을 시작으로, 밀레는 농촌의 삶과 전원의 풍경을 화폭에 담는 데 관심을 기울

(좌) 장 프랑수아 밀레, 〈씨 뿌리는 사람〉, 1850
(우) 장 프랑수아 밀레, 〈이삭 줍는 사람들〉, 1857

였다. 1950년에는 힘겹게 노동하는 농부를 주인공으로 내세운 〈씨 뿌리는 사람〉을 파리 살롱전에 출품하여 커다란 반향을 일으킨다.

1849년 파리에 콜레라가 돌자 그는 동료 화가인 테오도르 루소(Théodore Rousseau), 장 바티스트 카미유 코로(Jean-Baptiste-Camille Corot) 등이 자리 잡고 있던 교외의 바르비종이라는 지역으로 이주하여 본격적으로 전원의 풍경과 농민들의 모습을 그리기 시작한다. 경제적으론 어려운 생활이었지만, 밀레는 진지하고 성실하게 작품 활동을 이어나간다. 특히 풍경화에 주력했던 바르비종파의 동료 화가들에 비해 자연의 풍경보다 농민들의 전원 생활을 더 많이 화폭에 담아낸다. 가난에 시달리지만 묵묵히 자신의 삶을 이어나가던 농민들의 모습을 극적인 효과 없이 절제된 표현으로 캔버스에 담아낸 것이 그의 회화에 나타나는 특징이다. 특히 〈이삭 줍는 사람들〉, 〈만종〉 등의 작품은 소박한 분위기에도 불구하고 경건한 아름다움마저 풍긴다.

밀레는 주로 인물이 주요 소재가 되는 그림을 그렸으나, 말년에 그린 〈봄〉은 그의 작품으로서는 드물게 풍경이 주인공인 작품이다. 이 그림은 원래 목화 공장을 운영하던 사업가 프레데릭 하트만(Frédéric Hartmann)이 주문한 사계절 시리즈의 연작 중 하나였다. 처음에 하트만은 밀레의 동료 화가 루소에게 이 시리즈를 주문했으나 루소가 사망하면서 완성하지 못한 작품을 밀레에게 부탁하게 되었다. 밀레는 주문을 받은 후 《사계》 연작인 여름이나 가을의 그림을 간헐적으로 그리다가, 1873년 세심한 주의를 기울여 〈봄〉을 완성했다.

화가가 그린 봄의 빛깔은 생동감이 넘친다. 그림의 가운데에 나 있는 흙길과 채소밭은 사람의 손길로 잘 정돈된 농촌의 풍경을 보여준다. 전면에 위치한 나무는 짙푸른 녹음을 머금고 있고, 먼 곳의 나무와 숲은 밝게 빛나는 초록빛을 뽐내고 있다.

가장 눈에 띄는 건 왼쪽 하늘에 떠 있는 쌍무지개의 존재다. 납빛을 띤 하늘과 환하게 떠 있는 쌍무지개를 통해 방금 전까지 소나기가 퍼부었음을 짐작할 수 있다. 가장 멀리 자리한 나무 밑에는 농부 한 명이 서 있다. 그는 아마 나무 아래에서 쏟아지는 비를 피하고 있었을 것이다.

장 프랑수아 밀레, 〈봄〉, 1868-1873

작품을 다시 살펴보면, 그림 전반에 넘치는 생동감의 비밀을 짐작할 수 있다. 방금까지 퍼부은 비 덕분에 흙은 물기를 머금고 있다. 땅에서는 새 생명의 기운이 엿보인다. 숲과 나무의 빛나는 푸르름 역시 방금까지 세차게 퍼부은 소나기 덕분에 존재한다는 사실을 짐작할 수 있다. 비가 개인 후 등장한 쌍무지개는 하늘을 밝게 비추고 있다.

밀레가 담아낸 봄의 정경을 감상하다 문득 그런 생각이 들었다. 퍼붓는 소나기를 만나는 건 누군가에겐 운수 사나운 일이다. 그러나 세차게 내리는 비가 나무와 흙에는 생명의 힘을 실어주는 귀중한 존재다. 앞으로 환하게 뜰 무지개를 예고하는 징조로 볼 수도 있다. 그러니 인생에서 맞닥뜨리는 빗줄기도 다른 의미로 받아들일 수 있지 않을까. 해석을 바꿔본다면.

'좋음과 나쁨'의 카테고리에서 벗어나면 보이는 것들

밀레의 〈봄〉은 생명이 피어나는 계절의 눈부심을 보여준다. 작품 속 봄기운의 생명력은 어디에서 왔을까. 역설적이게도 어두운 하늘 아래 퍼붓던 소나기가 불러온 결과다.

자연의 역설은 인간의 삶에도 종종 유사한 방식으로 나타난다. 그동안 내 삶에 존재하는 사건을 대다수 '좋은 일'과 '나쁜 일'

이렇게 두 가지로 구분하며 살아왔다. 대학에 합격하거나 원하던 곳에 살게 되는 일, 고대하던 일을 시작하는 사건은 모두 '좋은 일'로 분류했다. 반면 대학에 떨어지거나 원하지 않는 곳에 살게 되는 일, 핸드폰이 고장 나서 먹통이 되는 식의 크고 작은 사건은 전부 '나쁜 일'로 간주했다.

그러나 나이를 먹을수록 해석과 분류가 간단치 않은 사건이 늘어났다. 원하지 않던 장소에 들렀다 의외로 뜻이 맞는 사람들을 만나기도 하고, 핸드폰이 먹통이 된 덕분에 독서에 집중할 수 있는 날도 있었다. 나쁜 일로 여기던 인생의 세찬 비가 어쩌면 인생에 생동감을 실어줄 수 있다는 그 역설과 모순을 이제는 어렴풋이 깨닫게 되었다.

예전에는 '인생사 새옹지마(塞翁之馬)'라는 말을 구태의연한 교훈 정도로 생각했다. 되돌아보니 그 말은 생각보다 깊고 넓은 의미를 품고 있었다. 운수 사나워 보이는 사건이라 할지라도 훗날 다르게 해석될 여지를 품고 있다는 거니까. 가령 시험에 떨어지거나 계획하던 일이 실패로 돌아가거나, 길에서 크게 넘어져 동네 구경거리가 되었다 할지라도, 나중에 그 일이 삶에 어떤 방식으로 기억될지 단정 지을 수 없다.

뿐만 아니라 힘들고 괴로운 경험 속에서도 눈곱만치라도 배울 게 하나쯤은 존재한다는 게 인생의 묘미다. 아이들을 대하는 직업에 적응하지 못해 힘들었을 때마다 자주 생각하고는 했다. '사람과 가까워지는 것에 서투른 나니까, 배움의 시간을 가져보라는 하늘의 명령이군'이라고. 정신 승리에 가까운 해석이지만 당시엔 이 생각이 나름의 위안을 안겨줬다.

요즘도 가끔 비슷한 해석을 해본다. 가령 육아는 내게 너무 어려운 일이다. 여전히 나는 육아에 KO패 당하고 부엌에 서서 눈물을 찔끔거리는 서툰 엄마다. 그런데 이를 달리 생각해보았다. 남에게 좀처럼 관심 없던 나 같은 인간에게도 타인을 돌볼 기회를 가져보라고, 그런 배움의 기회를 가져보라고, 누군가 육아라는 인생 과제를 부여해줬는지도 모른다고.

만약 당신이 지금 인생의 세찬 비를 맞고 있다면, 비를 맞는 것 외에 별다른 도리가 없을지 모른다. 그렇지만 그 비가 당신에게 어떤 영향을 줄지 아무도 모른다. 훗날 썩 괜찮은 일로 해석될 가능성도 존재한다. 인생에 새로운 봄이 찾아올 징조일 수도 있다. 세찬 비를 맞는 현재의 경험 덕에 훗날 찾아올 소나기를 보슬비 정도로 해석할 그릇을 키우고 있는지도 모를 일이고. 행운과 불운, 좋은 일과 나쁜 일, 이런 식으로 단 두 가지 카테고리 안에 섣불리 욱여넣고 판단하지 않는다면, 인생의 다양한 사건이 다채로운 빛깔을 품게 되지 않을까.

게으른 완벽주의자의 무기력 대처법

&

학창 시절 나는 벼락치기의 달인이었다. 시험 이틀 전까지 한껏 쉬다가 전날 울면서 밤을 새우고는 했다. 억지로 공부하며 밤을 지새우는 당일도 행복하지 않았지만, 할 일을 미루면서 쉬고 있는 날에도 마음이 편하지 않았다. TV나 만화책을 붙잡고 긴 시간 앉아 있긴 했지만, 제대로 즐기지 못하고 불안에 떠는 상태였으니까. 시험 2주 전부터는 '아직 시험공부 할 시간이 14일이나 남았어. 시간은 충분해…' 식으로 날짜를 셌다. 남은 날짜가 3일 이내로 적어지는 순간이 오면, 그 시점부터는 시험까지 남은 시간을 계산했다. '시험 시작 시간까지 72시간 남았다, 밤에 잠자는 시간을 빼면 50시간 정도는 남은 거야. 많이 남았네' 식의 엉터리 계산을 반복했다. 시간이 갈수록 불안감은 고조됐다. 불안감을 지우지 못해 엄마 배 속에 있을 때로 돌아가고 싶다는 생각을 한 적도 있다. 운명의 시험 전날이 다가와 밤을 새울 때는 며칠 전까지 게을렀던 나를 한껏 저주했다. 다음번 시험에는 벼락치기를 하지 않고 미리 공부할 거라 결심했으나 여지없이 동일한 패턴을 반복했다.

조금 괴로운 순간이 있긴 했지만 벼락치기 습관이 학교 다닐 때는 크게 문제가 되진 않았다. 성인이 된 후 문제가 커졌다. 장기간 해야 할 일이 있어도 벼락치기를 믿고 마감 날까지 버티다 포기하는 경우가 생겼다. 아예 시도조차 하지 않는 일도 늘어갔다. 게으름이 계속되다 무기력하다는 느낌에 빠지기도 했다. 빨리 무엇인가 해보아야 하는데, 나도 남들만큼 해낼 수 있을 것 같은데, 게으름이 문제라고 생각하다 막판에는 '난 아무것도 못 해낼 것 같다'는 비관의 구렁텅이에 빠졌다. 생각이 이 정도에 미치면 이미 헤어나기 쉽지 않다. 애초에 내가 뭘 하고 싶었는지 잊어버리는 증상도 나타났다.

지금은 벼락치기 습관과 게으름이 어디에서 비롯되었는지 어렴풋이 짐작할 수 있다. 시험을 잘 보고 싶다거나 맡은 일을 제대로 해내고 싶은 마음이 지나치게 컸던 게 문제였다. 뭐든 잘하고 싶었고 실패하기 싫었다. 전력 질주하다 실패라는 벽에 깨지고 부딪히기 싫었다. 차라리 노력을 덜 하면 실패하더라도 덜 억울할 것 같아 애초에 시작도 하지 않는 일이 잦아졌다. 실패하고 싶지 않은 마음, 완벽하게 해내고 싶은 마음이 무기력에 이른 것이었다.

작은 일에 집중하다, 〈레이스 뜨는 여인〉

완벽주의가 나를 게으름으로 밀어 넣을 때마다, 작은 일에 집중하는 순간을 그려낸 화가 요하네스 베르메르(Johannes Vermeer, 1632-1675)의 작품을 떠올려본다.

베르메르는 네덜란드 출신의 화가다. 네덜란드가 정치, 경제, 문화 등 다방면에서 전성기를 구가하던 황금시대에 활동했다. 현재 진위 논란 없이 그의 작품이라 알려진 그림이 30여 점에 지나지 않아 그의 작품은 엄청난 희소성을 지닌 것으로 유명하다.

베르메르의 작품 중 가장 유명한 그림은 아무래도 〈진주 귀걸

요하네스 베르메르, 〈진주 귀걸이를 한 소녀〉, 1666년경

이를 한 소녀〉일 것이다. 모델이 누구인지 정확히 알 수 없는 이 작품은 '네덜란드의 모나리자'로 널리 알려져 있다. 크게 뜬 눈, 살짝 돌린 고개, 앳되어 보이는 소녀의 모습은 감상자를 매혹시킨다. 모델의 윤곽선이 부드럽게 표현되어 그림에 신비감을 더한다. 미국의 역사 작가 트레이시 슈발리에(Tracy Chevalier)는 이 작품을 소재로 하여 역사소설 『진주 귀고리 소녀』를 썼는데 2003년에는 영화로도 제작되면서 그림은 더욱 큰 유명세를 탔다.

일상적인 장면을 신비하고 경건한 분위기로 화폭에 담는 것이 베르메르 작품의 공통적인 특징이다. 이러한 특징을 잘 느낄 수 있는 작품 중 하나가 〈레이스 뜨는 여인〉이다. 노란색 숄을 걸친 한 여인이 레이스를 뜨는 중이다. 그녀는 지금 왼손에 있는 두 짝의 실타래로 조심스레 바늘을 꽂고 있다. 섬세한 눈길로 레이스를 들여다보는 모습에서 여인의 온 신경이 한곳에 집중되어 있음을 짐작할 수 있다. 앞쪽에는 재봉실이 삐져나온 쿠션이 자리 잡고 있다.

이 작품의 크기는 24×21센티미터에 불과하여, 작은 크기의 캔버스에 여인의 모습을 표현해낸 화가의 섬세함에 또 한 번 놀라게 된다. 부드러운 윤곽선 속에서도 입체감이 느껴지는 그림은 신비로운 분위기를 가지고 있다.

베르메르는 이처럼 일상적 행위에 집중하는 여인들의 모습을 다양한 작품 속에 그려냈다. 〈우유를 따르는 여인〉, 〈저울을 다는 여인〉 등이 그 예다. 우유를 따르거나 저울에 물건을 재어보는

요하네스 베르메르, 〈레이스 뜨는 여인〉, 1669-1670

행위가 특별한 행동은 아니다(물론 저울을 다는 행위 속에는 임신한 여인이 태아의 성별을 가늠하고 있다거나 영혼의 무게를 재고 있다는 등 수많은 해석이 존재하지만, 어쨌든 그림에서 볼 수 있는 표면적인 행동은 '저울을 바라보는 것'이니까). 일상에서 이루어지는 행위를 정적으로 담아내지만, 어딘지 모르게 경건한 아름다움이 느껴진다. 그림이 만들어내는 특유의 신비로운 분위기는 어디에서 비롯된 것일까. 작품 속 여성들은 전적으로 자신이 하는 행위에 집중해 있다. 레이스를 유심히 들여다보며 작은 것을 놓치지 않으려는 모습, 우유를 한 방울도 흘리지 않고 그릇에 담으려는 모습, 신중하게 저울을 바라보는 여인의 모습에서 소박하고 절제된 행위의 아름다움을 느낄 수 있다. 고요한 분위기도 짐작 가능하다.

이전까지의 유럽 회화는 역사 속 큰 줄기가 되는 사건을 역동적으로 담아내거나, 신화와 종교 속의 극적인 이야기를 주제로 한 경우가 많았다. 반면 17세기의 네덜란드 풍속화는 일상을 주제로 한 새로운 경향을 보여주었다. 베르메르가 살던 당시 네덜란드는 스페인의 오랜 지배를 끝내고 정치적 안정과 국제무역을 통한 경제적 번영까지 일구며 승승장구하고 있었다. 가톨릭 국가였던 스페인으로부터 벗어나 칼뱅주의에 따른 프로테스탄트 종파를 따르며 신앙의 자유도 얻었다. 칼뱅주의는 현실 생활에서의 성실함, 검박함, 절제를 강조했다. 이러한 시대적 배경 속에서 베르메르는 평범한 사람들이 매일 수행하는 작은 일과를 특유의 분위기로 작품에 담아냈다. 이로 인해 그의 풍속화를 종교적인 의

요하네스 베르메르,
〈우유를 따르는 여인〉,
1658-1660년경

요하네스 베르메르,
〈저울을 다는 여인〉,
1664년경

미를 담은 작품들로 해석하는 이들도 있다. 왕족이나 귀족이 아닌 평범한 이들이 그림의 주인공이라는 점에서 당대 네덜란드 시민 사회의 발전을 엿볼 수 있기도 하다.

앞서 설명한 〈레이스 뜨는 여인〉은 웅장한 분위기의 작품도, 거창한 역사의 한 장면을 보여주는 작품도 아니다. 그런데도 관람객은 작품 속 여인의 모습에서 눈을 떼기 어렵다. 자신이 하는 일에 고요히 집중하는 그림 속 인물의 모습에서 고요한 아름다움을 엿볼 수 있기 때문이다.

무기력의 순간을 쪼개어나가기

경건한 마음으로 작은 과업에 집중하는 순간, 그 찰나의 고요함은 마음의 평안을 가져온다. 내가 게으름과 무기력에 빠졌을 때는 대부분 그 작은 순간의 중요성을 잊은 때였다. 무기력증은 크나큰 성과를 이루고 싶은데 실패가 두려울 때 찾아오는 경우가 많았다. 내가 기대한 성과를 어차피 이루기 어렵다는 생각에 혼란이 오고, 인생의 방향키를 잃은 느낌에 무기력한 기운도 다가왔다. 생각을 정리해보니, 인생의 방향키를 다시 나에게 가져오는 데 핵심이 있었다.

아무것도 하고 싶지 않고, 내가 하고 싶은 일이 무엇인지 몰라 혼란스러울 때에는 목표를 작은 단위로 쪼갰다. 먼 미래나 거창한 목표를 염두에 두지 않는 것이 포인트다. 가령 시험공부를 해야 한다는 것을 알지만 하고 싶지 않을 때, 목표를 잘게 쪼개어 오늘의 목표만을 정한다. 공부를 완벽하게 끝내 시험을 잘 보겠다는 식의 거창한 목표를 버리고 오늘 할 일만 생각했다. 이를 다하면 오늘의 나에게 먹을거리나 쉬는 시간으로 보상해주었다.

하는 일에 성과가 없어 힘들어질 때는 아주 간단한 노력으로 성과가 나타나는 행위에 집중했다. 퍼즐을 맞춘다거나 책을 몇 페이지만 보는 등 쉽게 성취감을 느낄 수 있는 일에 집중하는 식이다. 글을 쓸 경우 단 반 장만 써보기로 다짐한다. 글이 풀리지 않는 날에는 자료조사나 그림파일 찾기만 하고 끝낸다. 이렇게 작은 성취감이 쌓이니 점차 큰 집중도 할 수 있었다.

무엇보다 '실패'와 '성공'에 대한 기준을 바꾸기로 결심했다. 가령 나는 어떤 일을 하던 완벽하게 해내지 못하면 이를 모두 '실패'로 규정해왔다. 어떤 일의 결과를 0(실패)과 1(성공)만 존재하는 이진법의 세계로 다루어왔다. 완벽하게 성공하지 않으면 아무것도 안 한 것보다 못한 것이라 생각했다. 이 때문에 아예 시도조차 하지 않은 일이 많았다. 그래서 생각의 범위를 십진법의 세계로 늘려보았다. 가령 10(완벽한 성공)만큼의 성공을 거두지 못하더라도 0(아무것도 안 한 것)이 아니라 5나 6만큼은 성공을 거두었다고 생각하기 시작했다. 높은 기대치를 채우려 하면 두려움이 쫓아오기 쉽고, 이로 인해 아무것도 못 하는 상태를 가져오기 때문에 차라리 기대치를 낮추는 방안을 택한 것이다.

글쓰기의 경우 단번에 만족할 만한 글을 쓰려고 하면 오히려 아무것도 쓰기 싫은 상태가 이어지니 차라리 엉망인 초고를 쓰고 스스로를 칭찬하는 걸 택했다. 며칠 후의 내가 저 글을 고쳐줄 거라 믿고 만족하는 것이다. 그 후 며칠 동안 같은 글을 고치고 또 고쳤다. 성공과 실패를 섣불리 규정하지 않고 완벽에 대한 강박관념을 버리니 꾸준하게 무언가를 할 수 있었다. 브런치에 1년 이상 매주 글을 연재할 수 있었던 것도 그 덕분이었다.

무기력한 생각과 마음 때문에 아무것도 하고 싶어지지 않을 때가 있다. 그럴 땐 이루고 싶은 일의 단위를 잘게 쪼개거나 작은 성취감을 주는 소박한 행위에 집중해보는 것이 어떨까. 소박한 행위와 작은 성취가 쌓이다 보면 마음이 단단해진다. 의외의 결과가 나타날 때도 있다. 작은 것에 정성을 쏟는 아름다움을 기억하다 보면 무기력의 순간도 점차 사라진다.

인생을 빛나게 만드는 편집의 기술

&

한 유튜버의 여행 브이로그를 봤다. 스페인 바르셀로나가 그의 여행지였다. 지중해성 기후를 대표하는 밝은 볕이 유튜버의 얼굴을 환하게 비추고 있었다. 해사하게 웃는 모습이 젊고 자유롭고 우아해 보였다. 반짝반짝 빛난다는 게 저런 건가. 부러운 마음으로 브이로그를 시청하다가 문득 저곳이 낯선 장소가 아니라는 사실을 깨달았다.

10여 년 전 나 역시 저곳을 돌아다니고 있었다. 직장 생활을 하며 열심히 돈을 모아 간 열흘간의 여행이었다. 1월이라 살짝 매서운 바람이 불었다. 혼자였고, 다소 지친 상태였다. 춥고 배도 고팠다. 얇은 여행 책자를 들고 주변을 두리번거리던 나는 보이는 식당 아무 데나 들어가 파에야와 맥주를 시켰다. 당시에는 혼자라는 게 어쩐지 멋쩍게 느껴졌던 것 같다. 여행책에 코를 박고 바르셀로나의 모든 정보를 씹어 삼킬 듯 활자를 읽었던 기억이 난다.

머릿속으로 추억 여행을 하다 당황스러운 마음이 들었다. '아니, 동일한 장소인데 왜 내 기억은 저 유튜버처럼 밝고 화사하고 우아하지 않은 거야?' 되돌아보니 인생의 많은 장면이 비슷한 방식으로 기록되어 있었다. 대학 시절은 대체로 즐거웠지만, 돈이 없었다. 임용 공부를 하던 시절에는 도서관 매점에서 350원짜리 딸기 우유를 사 먹을까 말까를 매일 고민했다. 직장에 다닐 땐 스트레스에 치인 채로 발을 동동 구르며 출근하던 날이 대다수였다.

글 쓰는 일을 하면 우아한 일상이 이어질 거라 막연히 기대한 적이 있었다. 역시 그런 건 상상일 뿐이었다. TV 소음이나 아이의 게임기 소리를 견뎌가며 타자를 두드리는 게 일상이었다. 글을 쓰겠다고 도서관 자료실에 앉아 기세 좋게 책을 열 권쯤 꺼내와서는 책상에 엎드려 낮잠만 두 시간 자다 집에 온 날도 있다.

이쯤 되니 합리적 의심이 머릿속에 떠오른다. 화사하고 우아하게 삶을 누리는 비법을 나만 모르고 있는 건가? 인생의 밝은 볕이 드는 장소를 나만 제대로 못 찾고 있는 거 아닌가? 왜 내 얼굴에는 볕이 반쯤만 비추는 느낌이 드는 걸까? 살짝 궁상맞은 이 느낌이 어디에서 비롯되는 건지, 진지하게 궁금해졌다.

따사로운 빛을 그려낸 화가,
호아킨 소로야

삶 속에서 따사로운 볕과 화사한 장면이 그리워질 때마다 한 화가의 작품을 찾아보고는 한다. 스페인 인상주의 회화를 대표하는 예술가, 호아킨 소로야(Joaquín Sorolla, 1863-1923)의 그림이다.

소로야는 스페인의 발렌시아에서 어린 시절을 보냈다. 어릴 때부터 그림에 소질을 보여 불과 10대 후반의 나이에 발렌시아 예술 아카데미의 정회원이 됐다. 20대 초반에는 발렌시아 주 정부의 지원으로 로마 유학을 떠날 만큼 재능을 인정받았다. 이후

호아킨 소로야, 〈돛의 수선〉, 1896

로마에서 르네상스 미술을, 파리에서 인상주의 회화의 흐름을 접했다. 1885년에는 파리에서 첫 개인전을 열어 호평을 받았으며, 1900년에는 파리 만국박람회에서 대상을 받으면서 명성을 높여갔다.

그의 초기작과 후기작은 그 분위기가 다르다. 초기작은 주로 사실주의에 입각해 그려진 것이 많은데, 다소 어둡고 비장한 느낌을 풍긴다. 프랑스 여행에서 인상주의 회화를 접한 후로, 그의 작품 세계에 전환점이 찾아온다. 자신이 살던 스페인의 따사로운 햇살과 밝은 풍경을 담은 작품을 그리기 시작한 것이다. 특히 고향인 발렌시아의 바닷가의 풍경을 담아낸 그림들이 유명하다. 마드리드에 기거하던 그였지만 1년에 한 달 이상 발렌시아의 해변에 머물며 회화 작업을 했다. 바닷가에서 물놀이하는 아이들, 해변을 산책하는 여성들의 모습을 부드러운 색채로 담아낸 작품이 많다.

특히 그의 작품 속, 바닷가에서 물놀이하는 아이들의 모습은 관람자의 감탄을 자아낸다. 바닷물에 젖은 아이들의 몸이 태양빛을 받아 반짝이며 빛난다. 소로야는 실제 바닷가에 나가 빠른 붓질을 하며 작품을 그린 것으로 알려져 있다. 빛나는 태양이 만들어내는 짧고 아름다운 순간을 빠르게 포착해, 캔버스에 투명한 색채로 담아낸 것이다.

이처럼 대기의 무한한 움직임과 빛의 투명성을 강조한 회화의 흐름을 '루미니즘(Luminism) 양식'이라 한다. 소로야는 루미니

호아킨 소로야, 〈해변가의 아이들〉, 1903

호아킨 소로야, 〈바닷가 산책〉, 1909

즘의 영향을 받아 스페인 바닷가의 풍경을 투명하고 생동감 있게 그려냈다. 인물의 움직임과 빛의 표현을 끊임없이 연구했던 화가의 노력이 작품 안에 고스란히 담겨 있다.

삶을 화사하게 기억하는 법

소로야의 작품이 감탄을 자아내는 까닭은 무엇일까. 단순히 그림 속 풍경이 아름답기 때문만은 아닐 것이다. 햇빛을 받아 대상이 반짝이는 순간, 그 짧은 순간을 포착해 화폭에 옮겨 담는 화가의 능력은 탁월하다. 소로야는 빛나는 순간을 잡아내는 멋진 편집자였다.

나는 늘 인생 속 반짝이는 순간이 희귀하다며 불만을 털어놓았다. 그러나 내 삶의 장면을 되짚어보니, 그런 순간이 부족했던 게 아니라 단지 그런 순간을 포착하고 편집해내는 내 노력이 부족했던 것임을 깨달았다. 인생의 다양한 장면을 잘라 붙여 머릿속 기억으로 남길 때마다 나는 꽤 가혹한 편집자였다. 밝은 장면을 포착하기는커녕 뭉텅 잘라내고 어두침침한 장면을 가져다 붙이고는 했다. 어떤 순간이든 반드시 외롭거나 심심하거나 비참하거나 지루한 장면을 하나씩 곁들여 편집하는 재주를 가지고 있었다.

삶을 미화하지 않는 나를 담백하고 진솔하고 겸손한 사람이라 여긴 시절도 있었다. 그러나 때로는 담백함과 진솔함을 넘어

서서, 내 인생 속 장면을 스스로 어둡게 만들어버리는 경우가 많았음을 깨달았다. 그러한 어두한 편집 대신 삶의 채도를 높이고 화사한 컷을 이어 붙이는 편집 방식도 있는데. 생의 구간마다 밝은 장면은 항상 스쳐갔으니까.

십여 년 전 여행의 기억만 해도 그렇다. 나는 바르셀로나의 식당 한구석에 앉아 괜찮은 음식을 시켜놓고, 활자를 훑어볼 여유가 있는 여행자였다. 20대 때에는 성공한 커리어 우먼까진 아니라도, 꿋꿋이 자리를 지키며 일하던 괜찮은 직장인이었다. 반짝이는 장면을 잡아내고 이어 붙여 삶을 편집하니 같은 상황이 다르게 인식되기 시작했다. 삶을 편집해내는 권한은 나에게 있음을 깨달았다.

깨달음을 얻은 뒤, 삶을 편집하는 기술을 조금 바꿔봤다. 일상을 보내다 밝고 설레고 웃음이 터지는 장면을 만날 때면 눈을 2-3초간 깜빡여본다. 눈으로 사진을 찍듯이. 동시에 머릿속으로 이 장면을 오랫동안 기억하겠노라 다짐해본다. 아무도 모르게 작은 의식을 치르고 나면, 생의 화사하고 우아한 장면을 한 컷 더 추가한 느낌이 든다.

그러고 보면 지중해의 볕이 얼굴에 쏟아질 날을 기다리며 우아한 삶을 꿈꾸는 건 헛수고가 아니었을까 싶다. 근사한 장면을 포착하고 연출해내는 능력, 그거면 충분하니까.

타인의 평가에 휩쓸리지 않으려면

&

처음 브런치라는 공간에 발을 들인 후 대체 왜 이걸 시작했나 회의감에 빠진 적이 있었다. 그놈의 숫자 때문이었다. SNS 공간을 두려워하던 이유는 숱하게 많았지만, '좋아요'와 '구독자수' 같은 숫자의 향연인 게 특히 두려웠다. 나는 그런 숫자를 명확하고 세세하게 기억하는 저주받은(?) 재능을 가지고 있었고, 사소한 숫자 변화에도 한껏 휘둘리는 부류의 사람이었다.

어릴 때부터 타인의 평가나 평가 결과(숫자)에 민감했던 나였다. 인정욕구도 컸다. 학창 시절 받아 드는 평균 점수와 등수, 수상 횟수, 합격 횟수 등은 늘 머릿속을 차지하던 숫자였다. 이번 시험의 평균 점수와 등수가 얼마나 나올까 상상하며, 다음 글짓기 대회에서 상을 탈 수 있을까 가늠하며 머리를 굴렸다. 그렇게 머리 굴리는 횟수만큼 지치는 일도 잦았다.

문제는 글쓰기를 본격적으로 시작하고 나서였다. 공개적으로 바깥으로 꺼내놓은 글은 반드시 누군가에게 읽히게 마련이고, 그건 대부분 평가의 대상이 될 수밖에 없다. 더구나 SNS 공간에서 '좋아요'나 '구독자수' 등의 숫자는 실시간으로 변한다. 이거야말로 숫자로 점철된 개미지옥 아닌가. 좋아서 하는 글쓰기에서조차 숫자로부터 자유로울 수 없다니! 타인의 사소한 평가에 내 마음이 얼마나 휘청거릴지 알고 있는데, 굳이 이런 피곤함을 자처해야 할까? 머릿속에 회의감이 가득했다.

첫 책을 내놓고 나서도 비슷한 기분에 젖어 든 적이 있다. 온라인 서점에는 판매지수라는 어마무시한 숫자가 존재한다. 사실 책을 내기 전까진 판매지수의 존재 자체를 몰랐다. 집필한 책이 세상에 나오고 나니, 이전까지 알지도 못하던 숫자를 보기 위해 매일 똑같은 사이트를 들락날락하는 나를 발견했다. 이 판매지수라는 놈은 내 노력이나 자유의지와 별개로 움직이며 속을 태웠다. 좋은 글을 쓰기 위해 노력했다고 해서 책이 반드시 많이 팔리는 게 아니니까. 일단 누구라도 내 책이 세상에 나온 걸 알아야 하는데 그걸 알리는 게 참 어려운 일이었다. 바닥을 기어가는 내 책의 판매지수와 다르게, 유명한 저자의 책은 급속도로 팔려나간다는 사실을 숫자만으로도 읽을 수 있었다. 온라인 서점에서 베스트셀러 목록을 뒤적이며 선망과 질투가 뒤섞인 복잡한 감정을 느꼈다.

첫 출간 당시에는 서평에도 몹시 민감했다. 누군가의 박한 평가에 잠을 이루지 못하는 경우도 있었고, 억울함에 변명의 말을 달고픈 마음도 있었다. 무엇보다 타인의 시선과 평가에 지쳐 글을 쓰는 동력을 잃는 게 두려웠다.

끝까지 지켜나가는 힘,
〈퐁텐블로 숲의 바위와 나무 습작〉

나를 둘러싼 숫자가 마음을 뒤흔들 때가 있다. 그때마다 자신의 장르를 묵묵히 밀어붙이던 뚝심 있는 화가를 떠올려본다. 19세기 프랑스 풍경화의 대가, 테오도르 루소(Théodore Rousseau, 1812-1867)라는 예술가다.

루소는 1812년 프랑스 파리에서 재단사인 아버지 밑에서 태어났다. 어릴 때 풍경화가인 큰아버지를 따라 프랑스 동부 지역인 쥐라의 산지에 갔다가 자연의 모습에 압도되었는데, 이는 그가 평생 풍경화에 천착한 계기가 된다.

1820년대 미술 공부를 하던 루소는 야외에서 직접 자연을 그리기 시작한다. 당시 프랑스에서는 고대의 역사를 담은 유적지, 신화와 성서의 배경이 되는 장소를 그린 풍경화가 유행했다. 그를 가르치던 스승들 역시 신고전주의에 기반을 두고 있었다. 그러나 루소는 17세기 네덜란드 풍경화를 보고, 존 컨스터블(John Constable) 같은 영국 화가들의 풍경화를 연구하며 그림 공부를

테오도르 루소, 〈여름의 일몰〉, 1866

이어갔다.

1831년 루소는 마침내 자연의 풍경 그 자체가 주인공이 되는 작품으로 살롱전에 도전한다. 당대의 유행과 맞지 않는 그의 작품은 열광적인 반응을 얻지 못했다. 심지어 1836년부터는 아예 출품을 거부당하기까지 했다. 이후 무려 7년 동안 그의 작품은 살롱에서 외면당했다. 그럼에도 불구하고 루소는 그림의 소재를 바꾸지 않았다. 아예 프랑스 파리 교외에 위치한 바르비종이라는 마을에 눌러앉아 풍경화를 그렸다. 그는 바르비종 옆에 있던 퐁텐블로 숲(프랑스의 남서쪽에 위치한 넓은 녹지대)에서 영감을 받아 수많은 작품을 남겼다.

루소가 바르비종에 자리 잡은 이후 그를 따라 장 프랑수와 밀레, 카미유 코로, 쥘 뒤프레(Jules Dupré) 등 많은 이들이 같은 곳에 자리 잡았다. 이후 '바르비종파'라 불리게 된 화가들이었다. 이들은 전원에 머물며 자연과 교감을 나누었고, 자신들만의 그림 세계를 키워나갔다. 특히 동료 화가 뒤프레와의 인연이 깊었다. 두 사람은 함께 여행하고 작업실을 나눠 쓰며 그림에 대한 열정을 나누던 사이였다. 그러나 살롱전에서의 평가는 한결같이 갈렸다. 뒤프레가 심사위원의 마음을 사로잡아 승승장구하는 동안 루소의 작품은 계속 외면받았다. 1848년 2월 혁명 이후 살롱전의 분위기가 바뀌면서 1849년 마침내 루소의 작품은 살롱전에서 1, 2위를 나란히 수상하게 된다. 그러나 루소가 이제야 막 인정받은 그 시기에, 뒤프레는 프랑스 화가에게 최고의 영예인 레지옹 도뇌르 훈장을 받는다. 이때 루소는 뒤프레와 연락을 끊었다. 복잡한 심경이 얽혀 있었음을 짐작할 수 있다.

갖가지 우여곡절이 있었고 화가로서의 운명에 불안감을 느꼈음에도 루소는 자연의 민낯을 제대로 그리기 위해 수백 장의 스케치를 계속했다. 다음은 그가 그린 작품의 하나인 〈퐁텐블로 숲의 바위와 나무 습작〉이다.

그림의 주인공은 중앙에 크게 자리 잡은 '바위'다. 바위를 주인공으로 내세워 그림을 그리는 건 흔치 않은 일이었다. 주목받기 어려운 소재를 화폭에 담아낸 셈이다. 화가는 당대에 유행하던 세련된 느낌을 가미하거나 심사위원들의 구미를 맞추기 위한 작

테오도르 루소, 〈퐁텐블로 숲의 바위와 나무 습작〉, 1829

품을 그리기 위해 노력하지 않았다. 단순히 자연의 모습을 아름답게 그리는 데 집착하지 않고 그것의 생명력을 표현하는 데 주력했다. 위 작품의 주인공도 마찬가지다. 그림 속 이끼 낀 바위는 그 자체로 생명을 지닌 듯 보인다. 오랜 세월 한자리에 앉아 우직함과 강인함을 드러내고 있는 바위의 모습은 그림 감상자에게 깊은 인상을 남긴다.

숫자에 휘둘리지 않고 오래 버티는 기술

뒤프레와의 일화를 훑어보면 인정받지 못한 시간이 길었던 만큼 루소가 불안과 두려움에 휩쓸렸음을 짐작할 수 있다. 그러나 이와 반대로 자연을 탐구하며 그린 수많은 작품에는 화가의 뚝심이 드러난다. 자신만의 방식을 탐구하며 자신이 원하는 풍경화 그리기에 주력한 결과, 그는 바르비종파의 수장으로 미술사에 이름을 남겼다. 말년에는 레지옹 도뇌르 훈장을 받는 등의 영광을 누리기도 했다. 루소의 이야기를 되짚어보면 타인이 평가하는 바와 다르게 화가가 자신만의 세계를 구축해갔음을 알 수 있다.

타인의 평가는 끊임없이 나를 시험대에 오르게 만든다. 이 시험대는 내가 주도권을 쥔 공간이 아니다. 이 공간에서 완전히 자유로워질 수 없다면, 타인의 사소한 평가에도 마음이 휩쓸린다면,

내가 주도권을 쥔 시험대를 새롭게 만드는 것도 하나의 방법이다.

브런치에 글을 올리면서 마음이 이리저리 흔들린 경험을 한 후, 결국 '남이 평가해주는 숫자'에 휘둘리지 않고 내가 스스로 숫자를 만들어내자는 결심이 섰다. 예컨대 '좋아요'나 구독자수, 댓글은 내 마음대로 할 수 있는 영역이 아니지만, 새 글을 발행하면 생기는 '1'이라는 숫자는 내가 만들 수 있는 것이었다. 타인에게 휘둘리지 않고 내가 주도권을 쥔 숫자, 당시에는 그게 필요했다.

결심이 선 후 일주일에 한 번씩 매거진에 글을 올리기 시작했다. 그리고 이를 1년 넘게 실천했다. 물론 일주일에 한 번 연재를 하면서도 '좋아요'와 '구독자수'의 망령에 종종 시달렸다. 매주마다 컨디션도 달랐다. 집중이 잘 되어 몇 시간 만에 글을 완성하는 날도 있었고, 몇 시간을 매달려도 도무지 한 글자도 풀리지 않는 날도 있었다. 반응이 좋을 때도 있지만, 반대로 시원찮을 때도 있었다. 글쓰기 권태기도 이따금 찾아왔다.

그럼에도 불구하고 누군가 내게 쥐여준 평가 결과가 아닌 '시도' 그 자체로 성패를 가르자 마음이 조금 편안해졌다. 매주 한 번 글을 올리고 발행 버튼을 누르는 순간, 무조건 1승을 거두는 이 게임이 마음에 들었다. 내 손으로 스스로 움켜잡을 수 있는 목표는 빠르고 명확한 만족감을 주었다. '남이 뭐라 하건 나는 그저 내 갈 길 간다'는 마음으로 발을 내디딜 때면, 생각지 못한 당당함이 솟아나기도 했다.

타인의 평가에 마음이 휘청거리는 당신이라면, 스스로 새로운 숫자를 쌓아가보는 것도 나쁘지 않다. 하루에 글을 하나 완성하거나, 악기 연주를 한 곡 끝까지 해냈거나, 운동 연습을 정해진 시간만큼 했다면 당신은 1승을 거두는 것이다. 긴 시간 글을 쓰기 위해 노트북 앞에 앉아 부단히 고민했다면, 완벽하지 않더라도 몇 시간 동안 연주를 시도해보았다면, 그 역시 당신의 1승이다. 일단은 해본 거니까. 시도만으로도 승리를 거둘 수 있는 시험대는 당신만의 '믿을 구석'이 된다.

속는 셈 치고 '꾸준히'라는 말을 믿어보는 것도 좋다. 나 역시 이 말의 힘을 믿는 편이다. 책을 내고 나서 질투와 선망에 사로잡혀 온라인 서점을 뒤적거린 결과, 새로운 사실을 발견했다. 의외로 다양한 분야에 수많은 저자들이 있었다. 누구나 알 만큼 유명한 저자들도 있지만, 유명하지 않아도 믿을 만한 글을 지속적으로 세상에 내어놓는 이들이 생각보다 많았다. 이상하게도 위안과 용기를 얻었다.

그때부터 '꾸준히'라는 말을 지켜가며 장기간 글을 쓰는 사람을 목표로 잡았다. 글쓰기를 100미터 달리기가 아니라 일종의 오래달리기로 여기기로 결심했다. 100미터를 21초에 달리는 나는 단거리 달리기에 꽝인 사람이지만, 다행히도 오래 달리며 버티는 데에는 자신이 있었다. 스스로를 '오랫동안 글을 써나가고 계속 나아질 사람'이라 여기니, 소소한 승패에 휘둘리는 횟수가 조금은 줄었다. 글 하나에 달린 평가도, 책에 달린 서평도, 공모전 결과도 어찌 보면 길게 써나가기 위한 중간 지점에 해당한다고 정신 승리를 하고 나니 마음이 약간 편안해졌다. 목표를 현실화하자 시도에 대한 두려움도 조금은 줄었다. 투고와 집필, 온라인 글쓰기 활동을 계속해나갈 힘도 얻었다.

여전히 나는 인정과 평가에 연연하는 인간이다. SNS 속 숫자와 온라인 서점 판매지수를 보며 기쁨과 좌절을 거듭할 때가 많다. 구독자수가 줄어들면 취소 버튼을 누른 사람에게 달려가 조심스레 그 이유를 묻고 싶어지기도 한다. 내 글에 대한 혹독한 비판에는 금세 주눅도 든다. 그렇지만 긴 인생 속 짧은 순간 스쳐가는 숫자에 휘둘리지 말자고 다짐해본다. 다른 누가 평가할 수 없는, 단순한 숫자나 한마디 말로 정의할 수 없는 나를 만들어보자 되뇌어본다. 아무도 손댈 수 없는 '나만의 승리'가 쌓일수록 어떤 분야에서든 오래 버틸 수 있는 법이니까.

쪽팔리면
좀 어때서?

&

"인간사가 원래 쪽팔림의 역사야."

드라마 「나의 해방일지」를 보는데 대사 하나가 마음에 꽂혔다. 묘한 위로를 안겨주는 말이었다. 수치심과 싸우거나, 수치심에 지는 게 모든 인간의 역사가 아닐까.

내 쪽팔림의 역사도 꽤 깊고 오래된 것이었다. 어린 시절부터 성량 큰 내 목소리가 남의 귀를 거슬리게 하는 게 창피했다(시끄럽다고 지적받은 경험이 몇 번 있다). 최대한 목소리를 낮춰 작은 음성으로 말하려 노력했다. 극성스럽거나 눈치 없어 보이는 것도 부끄러워 말을 아꼈다. 학교에 다닐 때는 노력하다 실패한 사람으로 보이면 창피할 것 같았다. 게으른 천재 코스프레를 곧잘 했다. 학교에서는 공부를 열심히 하지 않는 척을 하다가 집에 가서는 밤을 새우는 식으로. 직장 생활에서도 실수하는 사람, 만만한 사람으로 보이지 않으려 고군분투했다.

일상생활에서도 창피한 일을 피하기 위해 눈치를 꽤 봤다. 바가지를 써서 억울한 일을 당한 걸 숨기려 했고, 어떤 때는 버스 하차 벨을 잘못 눌러도 기사님에게 타박받지 않으려고 잘못된 하차 지점에서 내리고는 했다.

부끄러움을 피하려 행동하니, 인생에 별다른 문제가 없다고 생각했다. 그러나 새로운 도전을 해야 할 때 문제가 드러났다. 되도록 아는 길, 편안한 길로 가야 창피할 일이 줄어드니 낯선 길은 가려 하지 않는 성향이 자리 잡은 것이다. 실패할 것 같은 시험에는 애당초 도전하지 않았고, 잘 못할 거라 예상되는 운전이나 운동 종목은 손도 대지 않았다. 상대에게 거절당할까 봐 오랜 짝사랑도 고백하지 못했다. 어느 순간 깨달았다. 쪽팔리지 않으려고 창피함을 피하는 길을 따라 살다 보니 애초에 시도조차 못 해본 일이 많았다는 걸. 실패한 사람으로 보이지 않으려 애쓰다 내 인생이 지루하게 끝날 수도 있겠구나, 문득 그런 생각이 들었다.

쾌락과 미덕 사이에 서다,
〈갈림길에 선 헤라클레스〉

그리스 신화 최고의 영웅인 헤라클레스는 제우스의 아들이다. 제우스가 영웅 미케네의 왕족 알크메네에게 몰래 찾아가 결합해 탄

조슈아 레이놀즈,
〈뱀을 목 졸라 죽이는 어린 헤라클레스〉, 1786-1788

안니발레 카라치, 〈헤라클레스의 선택〉, 1596

생한 인물로, 신(神)과 영웅의 후손답게 용맹과 지혜를 겸비했다. 헤라클레스가 남편 제우스의 아들임을 알게 된 본처 헤라는 헤라클레스를 죽이려 여러 번 시도했으나 번번이 실패로 끝났다.

고대의 철학자이자 역사학자였던 크세노폰(Xenophon)의 『회고록』에는 헤라클레스에 대한 흥미로운 이야기가 담겨 있다. 키타이론 산으로 보내져 양을 치며 지내던 헤라클레스는 18세 되던 해 아름다운 님프 두 명의 방문을 받게 된다. 두 님프는 각각 '쾌락(Pleasure)'과 '미덕(Virtue)'이라는 이름을 가지고 있었다. 헤라클레스는 인생의 커다란 갈림길에 서게 된 것이다.

쾌락은 헤라클레스에게 즐겁고 안락한 삶을 제시한다. 자신을 선택한다면 즐거움과 유흥으로 가득 찬 삶이 따라올 것임을 보장한다. 반면 미덕은 그에게 영웅으로서 불멸의 삶을 선택하기를 종용한다. 자신을 택할 경우 고난의 여정이 따를 수 있음을 이야기한다.

안니발레 카라치(Annibale Carracci), 니콜라 푸생(Nicolas Poussin) 등 수많은 화가들이 인생의 갈림길에 선 헤라클레스를 주제로 그림을 그렸다. 18세기의 이탈리아 화가 폼페오 지롤라모 바토니(Pompeo Girolamo Batoni, 1708-1787) 역시 마찬가지였다. 화가는 비교적 작은 규격의 캔버스 안에 영웅의 일화를 담아냈다.

이제 갓 18세가 된, 소년과 청년 사이의 갈림길에 선 헤라클레스는 한 손으로 이마를 짚고 망설이는 자세를 취하고 있다. 나무 그늘에 앉은 그의 왼쪽에는 욕망의 붉은 옷을 입은 '쾌락'이 자

폼페오 지롤라모 바토니, 〈갈림길에 선 헤라클레스〉, 1748

리 잡고 앉아 있다. 쾌락이 왼손에 들고 있는 가면은 기만에 찬 삶을, 오른손에 쥐고 있는 장미는 욕망을 따르는 인생을 의미한다. 그녀의 발치에 흩어져 있는 악보는 곧 터져 나올 스캔들을 뜻한다. 쾌락을 선택할 경우 헤라클레스는 안온하지만 한자리에 머물러 있는 삶을 누릴 것이다. 그림 속 헤라클레스의 마음은 이미 쾌락에 열려 있는 듯하다. 한쪽 팔을 그녀에게 기댄 걸 보면.

헤라클레스 앞에 서 있는 인물은 '미덕'이다. 미덕은 지혜를 의미하는 여신 미네르바처럼 코린토스식 투구를 쓴 채 단호한 자세로 헤라클레스를 설득 중이다. 덕목의 창과 방패로 무장하고 있는 그녀의 손가락이 가리키는 곳은 먼 곳의 바위산이다. 이는 영웅의 길에 따르는 고난과 시련을 의미한다. 미덕의 길을 택한다면 험준한 산등성이처럼 시련으로 가득 찬 길이 헤라클레스를 기다릴 것이 분명하다. 젊은이에게 이득이 있는 선택지일까? 미덕을 택해 인생의 정면 승부를 거듭할 경우, 그는 진정한 자신을 마주하며 불멸의 영웅으로 거듭날 수 있다.

헤라클레스가 마주한 선택의 순간은 의미심장한 부분이 있다. 신화 속 영웅뿐 아니라 인간 역시 크고 작은 선택을 거듭하며 자신의 삶을 만들어가기 때문이다.

극작가이자 할리우드 스토리텔링 이론의 권위자인 크리스토퍼 보글러(Christopher Vogler)는 '영웅의 여정 12단계 이론'을 내놓은 적이 있다. 대다수의 이야기에서 영웅이 될 인물은 평범한 생활을 하다 안락한 세계가 무너지는 경험을 맞는다. 이 사건을 계기로 영웅은 소명 의식을 품은 채 기나긴 여정에 나선다. 이후 수많은 난관을 거듭하며 성장하고 새로운 인물로 거듭난다. 그리고 험난한 길의 끝에 마침내 일상의 삶으로 돌아온다. 귀환하여 원래의 세계로 돌아온 후, 영웅은 진정한 스승으로서의 삶을 이어간다. 우리에게 익숙한 「반지의 제왕」이나 「어벤저스」와 같은 수많은 영화의 주인공들이 이러한 영웅 서사의 패턴을 따르며 대중의 호응을 이끌어냈다.

신화 속 전형적 패턴에서 가장 주목할 만한 단계가 첫 번째 과정이다. 안락한 안전지대에 살던 영웅은 처음에는 소명을 거부하나, 결국 여정을 받아들이고 새로운 세계의 관문으로 출발한다. 출발의 과정이 없다면 이야기의 전개 자체가 불가능한 셈이다.

〈갈림길에 선 헤라클레스〉도 마찬가지다. 시련의 길을 본격적으로 걷기 전, 고뇌에 빠진 영웅의 모습을 그린 것으로 해석할 수 있다. 결국 여정에 나선 그는 네메아의 사자나 물뱀 히드라와 같은 괴물을 물리치고, 세상의 끝에 있는 황금 사과를 가져오는 등의 과업을 수행했다. 과업을 수행하기 위한 모험은 길고 지난하며 고독했다. 그러나 이 모든 과정을 거치며 헤라클레스는 무궁무진한 이야기를 품은 인물이 되었고, 용맹과 지혜를 지닌 영웅으로 거듭났다.

인간사,
어차피 쪽팔림의 역사다

영웅의 인생은 평범한 인간의 이야기와 접점이 없을까. 〈갈림길에 선 헤라클레스〉는 인간의 삶에 등장하는 수많은 선택의 순간과 맞닿아 있다. 우리는 때때로 인생의 평범한 안전지대를 택할 것인지, 새로운 길을 택하여 나아가며 편안한 일상과 분리되는 길을 택할 것인지 갈림길에 선다. 가보지 않았던 장소로 여행을 떠나거나 새로운 자격증에 도전하는, 얼핏 사소해 보이는 결정도 이 갈림길에서의 선택으로 볼 수 있다. 새로운 시험이나 공모전에 도전하기로 결심하는 것, 창업을 한다거나 직업을 바꾸기로 마음먹는 것 역시 일정량의 용기가 필요하다. 갖가지 난관과 시련이 돌아올 것을 예상하고 있음에도 성장을 위해 안온한 길을 박차고 떠나는 것이므로. 인생의 스토리텔링은 이 지점에서 시작된다.

새로운 시도를 할 때 필요한 태도 중 하나는 '창피함을 견뎌내는 자세'다. 인간은 누구나 새로운 시도를 하며 서투르고 창피한 내 모습을 마주한다. 부끄러운 순간의 나를 견뎌내는 사람이 있는가 하면, 창피함을 피하려 무언가를 포기하는 사람이 있다. 예전의 나처럼.

서툰 내 모습, 실패한 자아가 남에게 드러날까 두려워 샛길로

피한 적이 많았다. 그러나 창피함을 무릅쓰고 새로운 시도를 하며 깨질 때마다 얻게 된 것들이 있었다. 내 창피한 역사가 다른 이들에게 별거 아닌, 흘러가는 사건이 될 수 있다는 것도 알게 됐다. 결과와 상관없이 내 시도 자체를 응원해주는 이들도 존재했다.

시도와 실패를 거듭하다 보면 내 가능성과 한계를 가늠할 수 있는 데이터를 수집하게 된다. 나의 한계를 알게 되는 건 반드시 슬픈 일만은 아니다. 부족한 구석을 아는 만큼 다음에 어떤 방식으로 문을 두드려야 할지 깨닫게 되니까. 실패해도 그다지 큰일이 아님을 깨달으면 다음 시도도 쉬워진다. 나를 벗고 가벼운 발걸음을 옮기는 것이 수월해진다.

안전한 삶의 궤도를 벗어나 크고 작은 시도를 해보면 인생 여정이 지루하지 않다. 창피해질까 두려워 인생의 정면 승부를 피하고 싶을 때마다 이 말을 떠올려도 좋다. 인간사, 어차피 쪽팔림의 역사다.

그 관중석에는 아무도 없다는 사실

&

고등학교 입학 후 첫 중간고사에서 전교 1등을 한 적이 있다. 운 좋게 1등을 한 데에는 몇 가지 이유가 있었다. 일단 내가 진학한 고등학교는 그렇게까지 성적이 높지 않은 인문계 일반고였다. 중학교 때 성적이 좋았던 아이들은 대다수 다른 특목고로 진학한 후였다. 뿐만 아니라 그 시험에서 유독 내가 공부한 문제집과 참고서의 시험문제 적중률이 높은 편이었다. 여하튼 소가 뒷걸음질 치다 쥐 잡은 격으로 나는 전교 1등의 타이틀을 거머쥐게 되었다. 선생님과 친구들의 축하가 이어졌고, 부러움의 시선을 받기도 했다.

이 모든 상황을 기쁨으로 받아들였으면 좋았을 텐데, 열일곱 살의 나는 그러지 못했다. 두 달 후의 기말고사가 걱정됐다. 부담감을 넘어선 두려움이 머리 한구석을 차지했다. '사실 나는 형편없는 실력의 소유자인데, 다음 시험을 망쳐 다들 그걸 알아차리면 어떻게 하지. 이번엔 벼락치기로 운 좋게 무언가를 이룬 건데….' 성적이 떨어지면 사람들이 나에게 보내던 시선이 은근한 동정의 눈길로 바뀔 것만 같아 불안했다. 지금 생각하면 유치하지만 당시에는 이 고민에 압도됐다. 잠도 오지 않고 공부도 안 되는 시험 준비 기간 후, 불안과 걱정 속에 기말고사를 치렀다. 역시나 성적은 곤두박질쳤다.

마음에 들지 않는 숫자로 가득 찬 기말고사 성적표를 받아들고 주위를 둘러보았다. 의외로 친구들은 별다른 이야기를 건네지 않았다. 다들 자신의 성적을 살펴보기 바쁜 듯 보였다. 선생님도 의외로 무심한 태도였다. 다음 시험에는 좀 더 열심히 하라는 정도의 가벼운 핀잔과 격려가 돌아왔다. 내가 고민했던 그 모든 시간이 무색하게 느껴질 만큼 가벼운 반응들이었다.

이카로스는 어디에 있을까,
〈추락하는 이카로스가 있는 풍경〉

타인의 관심과 시선이 나에게 쏟아지는 것 같아 부담스러울 때가 있다. 그럴 때마다 피터르 브뤼헐(Pieter Bruegel the Elder, 1525-1569)이라는 화가의 작품 속, 추락하는 이카로스의 모습을 떠올려본다.

그리스 신화 속 이카로스는 다이달로스라는 뛰어난 발명가의 아들이다. 다이달로스는 유명한 미궁을 만든 인물로 알려져 있다. 이 미궁은 반인반수의 괴물 미노타우로스를 가둬두기 위한 것이었다. 머리는 황소, 몸은 인간의 모습을 한 미노타우로스는 크레타의 왕비 파시파에가 황소와 바람을 피워 낳은 아이였다. 크레타의 왕인 미노스는 이 사실을 숨기고 싶어 했다. 그래서 다이달로스로 하여금 누구도 빠져나올 수 없는 미궁을 만들게 한다. 그렇지만 테세우스라는 영웅이 이 미궁에 들어가 미노타우로스를 물리치고 탈출하는 사건이 벌어진다. 이에 분노한 미노스는 그 죗값으로 다이달로스와 그의 아들 이카로스를 함께 미궁에 감금한다.

(좌) 프레더릭 레이턴, 〈이카로스와 다이달로스〉, 1869
(우) 야코프 페테르 고비, 〈이카로스의 추락〉, 1635-1637

미궁에 갇힌 다이달로스에게는 탈출을 위해 새로운 발명품이 필요했다. 그의 새로운 창조물은 날개였다. 새의 깃털을 모아 실로 엮고 밀랍으로 접합해 만든 것이었다. 다이달로스는 자신의 아들인 이카로스에게도 날개를 달아주고 비행 연습을 시킨다. 그는 아들에게 당부의 말을 전한다.

"너무 높이 날면 태양의 뜨거운 열에 의해 밀랍이 녹을 수 있고 너무 낮게 날면 바다의 습기에 의해 날개가 무거워지니 하늘과 바다의 중간으로 적당히 날아야 한다."

오랜 계획과 연습 끝에 탈출의 날이 다가왔다. 날개를 단 다이달로스와 이카로스는 하늘로 날아오른다. 하늘을 날게 된 자유로움에 흥분한 이카로스는 아버지의 조언을 잊고 최대한 높이 비상한다. 이것이 비극의 시작이었다. 뜨거운 태양열에 의해 깃털을 접착했던 밀랍은 녹아버리고, 결국 이카로스는 날개를 잃고 바다에 추락한다. 이 유명한 이야기는 '이카로스의 날개'라는 관용어로 남았다. 인간의 끝없는 욕심과 분수에 맞지 않는 탐욕이 비극을 불러올 수 있다는 이야기다.

많은 화가들이 이카로스의 이야기를 화폭에 담았다. 16세기 네덜란드의 위대한 화가 피터르 브뤼헐도 마찬가지였다. 농부의 화가로도 불리는 그는 평범한 농민들의 삶을 소재로 한 그림을 자주 그린 이였다. 한편으로 종교나 신화의 소재를 활용해 당시의 사회를 비판하는 작품을 남긴 화가로도 유명하다.

브뤼헐은 이카로스의 추락에 관한 이야기 역시 자신만의 방

피터르 브뤼헐, 〈추락하는 이카로스가 있는 풍경〉, 1555-1558

바다에 빠져 허우적대는 이카로스와 무심한 낚시꾼의 모습

식으로 해석하여 화폭에 남겼다. 그가 남긴 〈추락하는 이카로스가 있는 풍경〉이라는 작품을 살펴보자.

작품에서 가장 먼저 눈에 띄는 것은 밭을 갈고 있는 농부의 모습이다. 그의 오른편에 너르게 펼쳐진 바다에는 돛을 달고 유유히 떠 있는 범선이 보인다. 먼 곳에 화사한 섬도 펼쳐져 있다. 신화를 주제로 한 그림이라기보다 풍경화처럼 보이는 작품이다.

작품을 살펴보는 감상자들의 머릿속에는 궁금증이 생긴다. '이카로스'라는 이름이 작품 제목에 버젓이 있는데, 대체 이카로스는 어디에 있는 걸까. 답은 의외의 곳에 있다. 오른편 바다를 자세히 살펴보면 물에 빠져 허우적대는 이카로스의 다리가 조그맣게 보인다. 제목에 당당하게 이름을 올리고 있으나 정작 이카로스는 그림의 주변부에 위치해 있는 셈이다.

곤경에 처한 그의 모습이 뻔히 보이는데도 큰 관심을 보이는 이가 없다는 점이 특이하다. 바닷가에 앉아 있는 낚시꾼은 발버둥 치는 이카로스가 바로 앞에 있음에도 태연스레 고기를 잡고 있다. 농부 역시 밭을 가는 데 열중하고 있다. 그림의 가운데에 위치한 목동만이 이카로스의 소리를 들은 듯하지만 그 역시 적극적으로 고개를 돌려 이카로스를 보고 있는 건 아니다. 곤경에 빠진 이카로스에 큰 관심을 두지 않은 채, 그들의 삶은 계속되고 있다.

다분히 냉소적인 의미로 해석할 수 있는 그림이다. 플랑드르에는 "사람이 죽는다고 쟁기가 멈추는 법은 없다"라는 속담이 있었다. 누군가가 인생 속 커다란 고통이나 비극을 만나더라도 다른 이들의 삶은 평상시와 다름없이 계속될 수밖에 없다는 의미다. 인간이 타인의 고통에 무감하다는 것을 지적하는 말이라 다소 씁쓸한 여운이 남기도 한다. 이카로스의 무모한 욕심에 초점을 맞추어 신화를 해석한 다른 화가들과 달리, 브뤼헐은 타인의 비극을 대하는 사람들의 무심한 태도를 그리고 있다.

잔인하고 냉정한 해석도 가능하지만, 한편으로 그림은 묘한 위안도 안겨준다. 우리는 이따금 실패나 어려움을 마주할 때, 누군가 이를 관심 있게 지켜볼 거라 생각하며 괴로움에 빠진다. 어떤 이들은 곤경에 처한 나를 보고 혀를 끌끌 찰 것만 같고, 누군가는 내 실패를 보며 상대적으로 자신의 처지가 낫다 안도할 것처럼 느껴진다. 그러나 따지고 보면 사람들은 내 실패나 실수에 의외로 무심하다. 우리가 쉽게 착각하는 바와 달리, '나'는 세상의 중심이 아니기 때문이다. 이카로스처럼 바다에 곤두박질치더라도 그것은 의외로 타인의 기억 속에서 잊힐 일에 불과하다.

주변의 시선이 걱정되어 시도가 두려워질 때

물에 빠진 이카로스의 몸짓은 안타까우나 작품을 통해 새로운 교훈을 얻을 수 있다. 사람들은 타인의 삶이 어떻게 전개되는지와 관계없이 자신의 일상을 이어나간다. 때로는 이러한 진실이 다행으로 여겨질 때도 있다. 다른 이들이 나의 실수나 실패를 보고 비웃거나 지나치게 염려할까 불안해질 때, 그들의 무관심한 태도를 상기해보면 마음이 안정될 수 있다.

고1 때의 상황을 되돌아보니, 나는 성적표 안에 찍힐 형편없는 숫자를 겁낸 게 아니었다. 내 안의 두려움은 다른 곳에 초점을 맞추고 있었다. 나를 바라보던 주변 사람들이 실망의 눈빛을 보낼까 봐, 내가 실패한 사람처럼 보일까 봐 두려워했다. 누군가는 나의 성공에 박수를 치고, 또 누군가는 내 실패에 수근댈 것 같았다.

성인이 되어서도 비슷한 일은 반복되었다. 무언가 새로운 시도를 하거나 일을 꾸준히 진행할 때, 아무리 노력해도 안 될 거라는 두려움이 머릿속에 가득 차는 경우가 있었다. '실패'라는 두 글자가 겁이 났던 것도 사실이나, 그것보다 더욱 두려웠던 건 '실패한 사람으로 보이는 것'이었다.

물론 뚜렷한 이유는 있었다. 우리가 살아가는 세상이 실패한 이들에게 관대한 분위기인 건 아니니까. 단번에 성공한 사람들에게 박수를 보내는 데 후하고, 빨리 성공해야 한다고 불안과 초조를 불러일으키는 분위기가 존재한다. 넘어진 사람에게 툭툭 털고 일어날 기회를 주지 않는 풍조도 있다. 열아홉 살에서 스무 살로 넘어가는 길목에 대학 입시에 성공해야 하고, 20대 초반 대학 졸업의 시기에 바로 취업에 성공하기를 바라는 분위기. 그게 우리 사회의 '보편적인 삶'에 대한 고정관념이니까.

사회적인 분위기가 이러하니 무언가를 새롭게 시작하기도 전에 사람들은 머릿속으로 수많은 예측을 해본다. 몸소 시도하기보다는 성공 가능성의 확률을 따져보며 실패하지 않을까, 실패한 사람으로 보이지 않을까 전전긍긍하게 된다.

그러나 냉정하게 되짚어보면, 사람들은 남이 물에 빠진 광경에 많은 관심이 없다. 나의 성공이나 실패는 다른 사람에게 흘러간 일 또는 사소한 일이 될 수 있다. 물에 빠질 것을 염려해 날아보려는 시도조차 하지 않는다면 인생은 무미건조하게 흘러갈 가능성이 크다.

실패와 실수를 하지 않으려 살아가는 삶은 안정될 수는 있으나 흥미롭지 않다. 부딪히고 깨지는 것이 싫더라도, 별수 없이 부딪혀야만 알 수 있는 오류도 많고, 새로운 길도 찾아볼 수 있다. 무언가를 시도하기 전에, 또는 시도하는 도중에 두려움이 당신을 사로잡는다면 기억해보자. 그 누구도 당신의 실수나 실패를 구경하기 위해 관중석에 앉아 있지 않다. 그 관중석에는 아무도 없다.

··· Chapter 2

나 자신과 잘 지내고 싶다면

자존감 권하는
세상에서
살아가는 법

&

누구나 학창 시절에 싫어하던 수업이 있을 텐데, 내겐 체육 시간이 그랬다. '내가 못하는 일의 총 집합소' 같은 시간이었기 때문이다. 손에 쥔 공을 제아무리 힘껏 던져도 포물선을 그리기는커녕 5미터도 채 못 가 떨어졌고, 축구를 할 때는 헛발질하기 일쑤였다. 줄넘기나 배드민턴처럼 일반적인 종목조차 남들보다 두 배 이상 노력해야 간당간당하게 해낼 수 있었다.

되돌아보면 그럴 것까지는 없었는데, 당시엔 '지독하게 운동 못하는 나'를 용서할 수 없었다. 매번 겪는 일인데도 실기 시험에서 최하점을 받거나 친구들의 놀림을 받을 때는 마음속으로 씩씩대며 화를 눌렀다. 나 자신에 대한 분노였다.

체육 시간만 문제가 있는 건 아니었다. 나를 미워할 만한 다채로운 이유가 존재했다. 어릴 때는 언니와 외모로 곧잘 비교당했는데 그 순간마다 예쁘지 못한 내가 별로로 느껴졌다. 성격이 모난 내가 탐탁지 않았던 순간도 있었고, 부당한 일을 따져야 할 순간에 입도 떼지 못하는 소심한 내가 미울 때도 있었다.

성인이 된 후 어느 순간부터 '자존감'이라는 말이 유행처럼 떠돌았다. 있는 그대로 나를 존중하고 가치 있게 생각하는 마음이라…, 의아했다. 어떻게 남과 비교하지 않고 타인에게 증명할 필요도 없이 스스로를 소중하고 가치 있게 여긴다는 거지?

여하튼 세상의 잣대에 비추어보건대 내 자존감은 거의 바닥에 위치하는 것 같았다. 가만 보니 나는 스스로를 과대 포장하며 우쭐대거나, 바보 같다며 탓하고 미워하는 주기를 반복했다. 나 자신이 초라하게 느껴지는 순간이 왜 이렇게 많은지, 스스로 생각해도 이상할 지경이었다.

'나는 가치 있고 괜찮은 사람'이라는 주문을 되뇌어봤지만, 마음은 진실로 납득하지 못했다. 이미 머리 한편으로 자존감이 낮은 이유를 헤집고 있었다. 아무리 생각해도 모든 원인은 어린 시절 부모님에게 적절한 사랑을 받지 못해 벌어진 일로 느껴졌다. 내 기질이나 성장환경이 뭔가 잘못된 것 아닌가 싶어 심리학책을 한참 뒤적이기도 했다.

내가 자존감 흙수저인 걸 어찌 알아챘는지 SNS나 유튜브 알고리즘은 내게 '자존감이 높은 사람의 특징', '사랑받으며 자란 사람의 특징' 따위의 게시물을 끊임없이 보여주었다. 적절한 사랑을 받고 자랐으며 자존감 높은 이들은 타인과 자신을 함부로 비교하지 않고, 주변 사람의 말에 함부로 휘둘리지도 않으며, 어떤 일에도 의연한 태도를 유지한다는 글귀가 눈에 띄었다.

세상이 외치는 결론은 늘 비슷했다. '너는 세상에서 유일무이한 존재이며 사랑받아 마땅하다. 남과 너를 비교하지 말고 너 자신을 온전히 사랑해라.' 바람직한 말이었으나 실행이 쉬운 건 아니었다. 아무리 생각해봐도 나는 스스로가 탐탁지 않게 느껴졌고, 하루에 수십 번씩 남과 나를 비교하기 일쑤였다. 온전히 나를 사랑한다는 건 대체 뭘 이야기하는 걸까? 답을 찾아봐도 결국 질문은 원점으로 돌아왔다.

있는 그대로의 나를 인정하는 일, 툴루즈 로트레크의 〈자화상〉

바람직한 자아상이 무엇인지 질문을 던지다 혼란이 올 때, 프랑스 화가 앙리 드 툴루즈 로트레크(Henri de Toulouse-Lautrec, 1864-1901)의 작품을 살펴보고는 한다.

로트레크는 남부 프랑스의 알비라는 지역의 명문 귀족 집안에서 태어났다. 당시 유럽의 귀족들은 혈통을 유지하기 위해 근친혼을 하는 경우가 많았다. 로트레크의 아버지와 어머니 역시 사촌지간이었다. 근친혼은 유전병을 수반하는 경우가 많은데, 이로 인해 로트레크는 태어나면서부터 작은 충격에도 뼈가 부서지기 쉬운 병을 가지고 있었다. 열다섯 살 무렵, 다리가 부러지는 사고를 당한 후 그의 하체는 성장을 멈춰버린다. 이후 로트레크는 평생 상체는 성인, 하체는 아이의 모습으로 지내게 되었다. 성인이 되었을 때 그의 키는 150센티미터 남짓이었다.

아들이 장애를 안게 된 후, 부모의 반응은 극과 극으로 갈렸다. 체면을 중시했던 아버지는 아들을 철저히 외면한 반면, 어머니는 지극정성으로 그를 돌봤다. 헌신적이었던 어머니는 아들의 그림 재능을 알아보고 유명 화가를 초청해 화가로 성장하도록 도왔다. 덕분에 로트레크는 파리의 화실에 들어가 본격적인 미술 공부를 이어갔고, 에드가 드가(Edgar Degas)나 반 고흐 등 인상주의 화가들과 교류하면서 서로 영향을 주고받기도 한다.

그는 명문가의 자손으로서 자부심을 가질 만한 사회적 지위를 가졌지만, 장애를 안고 살았기에 어릴 때부터 주변의 놀림과 조롱을 받았다. 모순된 상황 속에서 그림 공부를 이어가던 로트레크는 점차 귀족사회의 허위나 위선을 벗어나, 제3의 공간으로 발길을 옮긴다. 몽마르트에 있던 화려한 카바레와 공연장, 파리의 뒷골목이 그의 예술 활동의 주 무대가 되었다.

로트레크는 밤마다 이곳에서 스케치를 하고 그림을 그렸다. 사회의 이방인으로 불리던 이들에게 묘한 동질감을 느꼈던 것일까. 화가는 서커스를 하는 광대나 매춘부 등 사회의 하류층이라 불렸던 이들을 모델 삼아 그림을 그렸다. 뿐만 아니라 카바레나 공연장의 포스터를 그리며 돈을 벌기도 했는데, 이렇게 그린 포

툴루즈 로트레크, 〈물랭루주: 라 굴뤼〉, 1891

스터 중 하나가 〈물랭루주: 라 굴뤼〉라는 작품이다.

채색 석판화로 제작된 이 작품 가운데에는 춤을 추는 무희가 있다. 당시 물랭루주에서 유명한 댄서였던 라 굴뤼(La Goulue)다. 주변의 신사들이 댄서를 둘러싼 채 관심을 보이고 있다. 로트레크는 단순히 유흥업소의 퇴폐적인 분위기를 넘어 생동감 있게 무도회장의 분위기를 그리며, 상업미술에 속하던 포스터를 예술의 경지로 끌어올리는 재능을 보여준다.

귀족으로서의 자부심과 신체에 대한 열등감을 동시에 지니고 있던 사내는 자기 모습을 어떤 방식으로 화폭에 담아냈을까. 로트레크는 고흐나 고갱처럼 자화상을 많이 남기지는 않았다. 그러나 로트레크가 1882년에 그린 자화상을 살펴보면 화가가 자신을 어떤 방식으로 이해하고 표현했는지 짐작할 수 있다. 그림 속 그의 모습은 캐리커처에 가깝다. 커다랗게 그려진 얼굴에 비해 작은 몸이 눈에 띈다.

그러나 그의 얼굴은 담담한 표정을 담고 있다. 품위와 여유가 엿보이는 표정. 하체의 성장이 멈춘 자신의 모습을 미화하지도, 비하하지도 않고 거리낌 없이 묘사했던 예술가의 여유를 짐작할 수 있다. "다리가 좀 더 길었다면 그림을 그리지 않았을 것이다"라며 자조 섞인 말을 던지던 그였으나, 한편으로는 삶의 고통을 그림과 유머로 승화시킬 줄 아는 예술가이기도 했다.

로트레크는 음주와 문란한 생활을 이어가다 37세의 나이에 매독으로 사망했다. 아버지의 외면, 열등감과 삶의 비애, 뿌리 깊은 고독이 그를 방탕한 생활로 이끌지 않았을까 예상할 수 있는 부분이다. 그럼에도 불구하고 자신의 신체적 결함을 애써 가리지 않는 여유를 보여주기도 한 로트레크의 모습은 인상적이다. 자화상 대신 화가는 색다른 복장이나 우스꽝스러운 분장을 한 채 사진을 많이 찍었다. 그가 남긴 사진을 보면, 희화화를 통해 자신의 모습을 받아들이고자 했던 화가의 태도를 짐작할 수 있다. 있는 그대로의 자신을 받아들이고 웃음으로 넘길 수 있는 자세, 그것이 어쩌면 자신을 마주하는 적절한 태도일지 모른다.

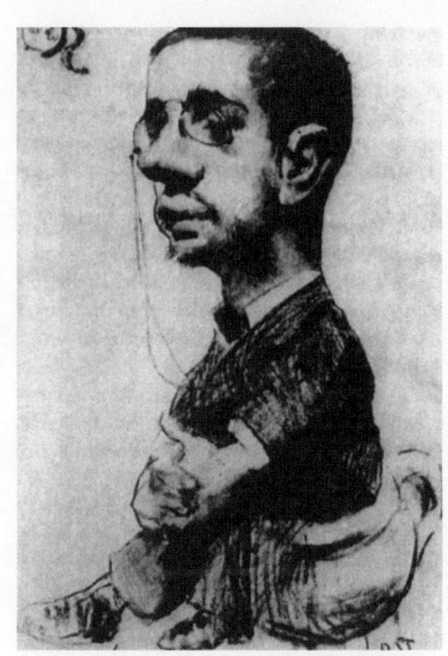

툴루즈 로트레크, 〈자화상〉, 1882

1894년에 모리스 기베르가 찍은 피에로로 변장한 로트레크의 사진

근사하고 초라한 나의 자존감

로트레크의 자화상을 보며 자존감에 대해 생각해본다. 현실을 축소하거나 확대하는 왜곡된 렌즈를 버리고, 현실의 나를 있는 그대로 바라보고 받아들이는 것. '나를 사랑하자'는 구호를 과장되게 외치거나 자기혐오에 빠지기에 앞서 해야 할 일이 아닐까.

예전의 나는 항상 마음속 고민과 갈등 상황을 '낮은 자존감 탓'으로 돌렸다. 마음이 끊임없이 흔들리는 이유, 불안이 내 마음속 전반을 차지하는 이유, 기쁜 일이 생겨도 제대로 기뻐하지 못하는 이유 뒤편에는 자존감이라는 범인이 존재한다고 생각했다. 자존감이 내 고민의 만능 키라 생각해 이를 극복하기 위해 지나치게 애쓰고 노력했다. 때로는 이 모든 것이 부모로부터 충분한 사랑을 받지 못했기 때문이라 핑계를 대며 '낮은 자존감' 뒤로 숨어버리기도 했다.

그러나 모든 일이 자존감이라는 원인 때문에 나타나는 결과일까? 행복에 매달리면 행복이 멀리 달아나는 것처럼 자존감이라는 기준에 매달리다 보니 괴로움이 가중되고는 했다. 되돌아보니 내가 찾아 헤매던 건 제대로 된 자존감의 의미도 아니었다.

되짚어보면 내가 스스로에게 엄격했던 이유는 단 하나였다. 마음속 깊숙이 '나는 남들과 다르게 특별한 존재여야 한다'는 생각이 자리하고 있었기 때문이다. 생각의 그릇이 큰, 넓은 마음씨의 소유자여야 한다는 원칙도 있었다. 이런 기준치는 현실과의 괴리를 불러왔다. 가령 남들이 넘어지고 엎어질 경우, 나는 늘 너그럽게 상대를 격려할 수 있었다. "누구나 그렇게 넘어질 수 있어. 지나가는 일이고 모든 게 잘될 거야"라고 말하면서.

그러나 마음속 깊은 곳에 나만큼은 넘어지고 엎어지지 않아야 한다는, 다소 오만한 생각이 자리 잡고 있었다. 나는 늘 쉬지 않고 노력하는 사람이어야 하고, 무능하지 않아야 하며, 나한테만큼은 가급적 불행보다는 행운이 이어져야 한다고 생각했다. 그 때문에 작은 불행에도 휘청댔고 사소한 실패에도 한없이 흔들렸다. 주변을 돌아보면 나와 다른 듯 비슷한 유형의 사람들이 눈에 띄었다. 주변 사람들에게 미움받지 않고 좋은 사람으로 남아야 한다는 원칙 때문에 타인에게 휘둘리는 이도 있었고, 자신이 기대한 것만큼 재능이나 노력을 펼치지 못하면 과도한 자기 비하를 거듭하는 사람도 있었다. 겸손한 듯 보이지만 겸손하지 않은 이들이 자비 없이 스스로를 괴롭히고 있었다.

이 사실을 깨닫고 나서 '자존감 높이기'보다 '현실적인 기대치 쌓기'에 주력하기 시작했다. '나는 세상에서 유일하고 특별하며 가치 있는 존재여야 한다'는 강박관념을 조금 내다 버리니 마음이 편안해졌다. 따지고 보면 세상은 내 위주로 돌아가는 게 아니었다. 타인의 시선이 나에게 쏠려 있는 것도 아니었다. 자아에 대한 비합리적인 기대치 대신 현실로 가는 버튼이 필요하다는 걸 깨닫고는 왜곡된 렌즈로 나를 비춰보는 걸 멈췄다. 덕분에 현실과 환상과의 괴리가 줄었고, 큰 좌절이나 자기 비하 없이 새로운 일을 할 수 있었다.

스스로를 미친 듯이 사랑하지 않아도 괜찮다. 지나칠 만큼 자신을 좋게 해석할 필요도 없다. 그보다는 현실적이고 합리적인 자아상을 세우는 게 오히려 자존감 높이기에 도움이 된다. 남들한테 너그러운 만큼만 나에게 자비를 베풀면 마음이 조금 편안해질 수 있다.

높은 자존감을 갖추는 걸 '자아의 벽'을 높게 둘러치는 일로 착각하는 것도 멈추는 게 좋다. 심리학의 연구 결과에 따르면 자아관이 필요 이상으로 부풀려져 있는 사람은 오히려 타인에게 공격적인 태도를 보일 수 있다고 한다. 스스로 생각하는 만큼 주변에서 대우받지 못한다고 여기기 때문이다. 높게 세운 자아상이 추락할까 봐 자기방어를 과도하게 하는 셈이다. 스스로를 멋지다고 세뇌시킨다 해서 평화로운 마음과 멋진 태도를 갖출 수 있는 게 아님을 알 수 있다.

나는 아직도 높은 자존감과는 거리가 먼 사람이다. 멋지고 유일무이한 나를 만들어가는 길은 까마득히 먼일로 느껴진다. 온전히 나를 사랑한다는 것도 여전히 불가능한 일로 보인다. 그러나 낮은 자존감을 떠올리며 스스로를 괴롭히는 일은 줄이려 노력 중이다.

만약 당신이 스스로를 사랑하기 어렵다면, 낮은 자존감이 문제라고 되뇌고 있다면 거기에 너무 매달리지 않는 것도 하나의 방법이다. 차라리 자신에게 조금이라도 너그러워지고, 현실 감각을 찾고, 자존감이라는 말을 덜 곱씹는 편이 나을 수 있다. 근사하고 초라한 내 자존감을 그저 받아들이는 게 훨씬 더 마음 편한 일인지도 모른다.

가면을 벗으면 보이는 것들

&

고등학교 입학을 앞둔 겨울, 수학 과외를 받은 적이 있다. 평소 내 공부에 전혀 관여하지 않던 엄마가 먼저 권한 일이었다. 누군가 엄마에게 "고등학교 입학 전에 고1 수학을 미리 한 번 훑는 게 좋다"고 조언한 결과였다. 덕분에 그 유명한 『수학의 정석』을 선행 학습하는 기회를 얻었다.

과외 선생님은 한의대에 다니는 엄마 친구 아들이었다. 방학 동안 매일 엄마 친구 댁에서 과외를 받았다. 수학을 가르쳐주는 네 살 연상의 엄친아라니! 처음 과외 받으러 가는 날 약 3초간 설렜으나, 설렘이 무색해질 정도로 과외 분위기는 고요했다. 전형적인 모범생 스타일의 과외 선생님과 나는 조용히 수학 문제를 푸는 데 열중했다. 기억나는 사적인 대화라곤 "3차 함수 그래프 그리는 거 정말 재미있지 않냐"는 과외 선생님의 질문 정도였다.

혹했던 장면은 따로 있었다. 과외를 하러 갔던 그 집의 분위기였다. 예쁜 그릇에 가지런히 놓인 과일과 고급 과자, 너른 거실에 화장실 두 개가 딸린 아파트, 일상의 평화에서 우러나오는 여유로운 웃음을 보여주는 어머니—전직 교사였던 엄마 친구분—의 모습, 잘 자란 한의대생 아들, 티 없이 밝은 초등학생 막내의 모습. 우연히 마주친 그 집 아버님 역시 과묵하지만 자상해 보였다. 경제적인 여유를 품은, 정갈하고 화목한 분위기. 당시의 내가 한 번도 체험해보지 못한 것이었다. 속으로 중얼거렸다. '언젠가, 성인이 된 후 나도 저런 여유로움을 품으며 살아가고 싶다.'

학창 시절과 젊은 시절, 내 마음속에 막연히 자리 잡은 동경은 그런 것이었다. 아파트 광고에 나올 법한 깨끗하고 너른 집, 잘 차려진 다과를 내오며 여유롭게 웃는 나, 자상한 남편, 누가 봐도 번듯하게 잘 키웠다 싶은 아이. 직업을 선택할 때도, 가정을 꾸릴 때도, 남편을 따라 해외에 나갈 때도 그런 환상을 막연히 마음에 품고 있었다.

지난 몇 년간 동경하던 삶을 누릴 기회를 가졌다. 아직 아이를 다 키운 건 아니었지만, 잘 차려진 다과를 손님들에게 내밀어볼 기회를 수십 번 이상 얻었다. 남편과 아이에게 집중할 수 있는 시간도 충분했다. 그러나 때때로 마음이 공허했다. '만개의레시피' 같은 요리 앱의 도움을 받아 노력한 결과 간신히 기본 요리를 해낼 정도에는 이르렀다. 하지만 실력 상승과 관심의 크기는 들인 시간에 비례하지 않았다. 음식 만드는 일에 흥미를 느낀 횟수는 손에 꼽을 정도였다. 티끌 없이 깨끗한 집안은 내 성향으로는 어림도 없는 일이었다. 책상과 식탁 위에는 내가 읽던 책, 필기구 등이 어지러이 널려 있곤 했다. 최소한의 집안 청결을 유지하는 데에도 남들보다 많은 노력이 필요했다. 직장 생활을 할 때 내 일을 대단히 사랑하는 커리어 우먼도 아니었으면서 집 안에 있으니 마음이 답답했다. 차라리 글쓰기를 위해 노트북을 붙잡고 있을 때 해방감을 느꼈다.

나는 왜 집 안 정리가 안 될까? 어째서 몇 년간 요리를 해도 재미가 붙지 않지? 가족에게만 집중하고 싶은데 마음대로 안 되는 건 어째서일까? 막연히 동경하던 삶을 꾸릴 수 있는 기회를 마주했는데도 왜 행복하지 않고 구멍이 난 것 같지? 한참 머리를 굴리다 깨달았다. 내가 못나서도 아니고, 잘나서도 아니었다. 그저 나와 맞지 않는 삶을 동경했던 것뿐이었다. '나'라는 인간에 대한 심사숙고가 빠진, 남에게 보여주기 좋은 이상향을 동경했던 거였다.

민낯으로 직시하다,
〈가면에 둘러싸인 자화상〉

타인의 시선을 제거한 내 본연의 희망이 궁금할 때, 떠오르는 사내의 얼굴이 있다. 가면 사이에서 맑은 얼굴로 정면을 바라보는 한 남자의 모습. 제임스 엔소르(James Ensor, 1860-1949)라는 화가

제임스 엔소르, 〈음모〉, 1890

제임스 엔소르, 〈죽음과 가면〉, 1897

의 자화상이다.

'가면의 화가'라 불리는 엔소르는 1860년 벨기에의 오스텐더라는 항구 마을에서 태어나 자랐다. 브뤼셀 왕립 미술학교에서 공부하느라 고향을 잠시 떠난 적이 있었으나 그 외에는 생애 대부분을 오스텐더에서 지냈다.

초기에 엔소르는 인상주의 화풍의 영향을 받은 작품을 내놓았지만 1885년쯤부터 작품에 변화를 시도했다. 가면이나 해골, 유령 등을 소재로 환상적인 느낌을 풍기는 작품을 그리기 시작했다. 다소 기괴해 보이기도 하는 작품의 소재는 화가의 성장환경과 관련이 있었다. 엔소르의 어머니는 가면이나 조개껍데기, 그림엽서 같은 관광 기념품과 골동품을 파는 가게를 운영했는데, 덕분에 그에게 있어 가면은 익숙한 소재였다. 엔소르는 가면을 통해 주로 인간의 욕망과 위선을 풍자하거나, 사회를 비판하는 작품들을 남겼다.

1899년에 그린 〈가면에 둘러싸인 자화상〉 역시 화가가 가면을 통해 세상을 어떤 식으로 바라보았는지 알 수 있는 작품이다. 엔소르의 그림답게 캔버스를 가득 채운 건 수많은 가면이다. 뒤틀린 듯 웃음을 흘리는 가면, 거짓의 눈빛으로 위를 쏘아보는 가면 등 각종 가면이 화면의 대부분을 차지하고 있다. 음산한 느낌을 자아내는 가면들 속에 맨얼굴의 엔소르가 서 있다. 기괴한 표정의 가면들과 달리 그는 담담한 표정의 민낯으로 그림 감상자를 응시 중이다.

제임스 엔소르, 〈가면에 둘러싸인 자화상〉, 1899

가면을 쓴 군중의 모습은 무엇을 의미할까? 작품을 그리던 당시, 39세의 엔소르는 화단에서 사랑받는 화가가 아니었다. 그의 그로테스크한 화풍은 주변의 인정을 얻지 못했다. 경제적으로 도움이 되지 않는 예술 활동에 가족들조차 냉소적인 시선을 보냈다. 차가운 평가를 보내던 사람들의 시선을 화가가 가면으로 표현했을 가능성이 높다. 누구의 인정도 받지 못한 채 작품 세계를 이어가야 했던 엔소르의 고립감 역시 느껴진다.

그림에 대한 다른 해석도 가능하다. 엔소르를 둘러싸고 있는 가면이 반드시 외부에 존재하는 타인을 의미할까? 고대 그리스 연극에서 배우들은 가면을 쓰고 벗으며 다양한 캐릭터를 연기했다. 이로부터 비롯된 말, '페르소나(Persona)'는 주로 외부에 보이는 개인의 성격, 사회적 자아, 남에게 보여주고 싶어 하는 나를 의미한다. 어쩌면 화가를 둘러싼 가면은 외부의 욕구와 시선을 내면화한 그의 사회적 자아를 의미할 수도 있다.

우리는 보통 부모나 사회의 기대를 내면화하여 사회적 가면을 만든다. 그러다 때때로 가면을 자신의 민낯이라 착각하는 상황도 벌어진다. 사회적 가면을 자신의 모습으로 착각하면서 아예 자신의 본성과 욕구가 무엇인지 잊은 채 타인을 따라 무언가를 원하는 일도 생긴다. 주로 타자의 욕망 또는 그것이 겨냥하는 대상을 향해 달려가게 되는 것이다. 이렇게 달리다 보면 무엇이 자신의 순수한 욕망인지 집어내기 어려운 지경에 이른다.

프랑스의 대표적인 정신분석가 자크 라캉(Jacques Lacan)의 말대로 "우리는 타자가 욕망하는 것을 욕망한다". 좋은 직업, 안정된 가정, 물질적 풍요. 우리는 그 모든 것들이 자신의 순수한 욕망이라 생각하지만 실은 우리도 모르는 사이에 타자의 욕망을 내면화한 것일 수도 있다. 자신의 실재를 모른 채 부모나 사회의 기대치, 욕구를 따라가다 한순간 공허함과 메마른 느낌 속에 휩싸이기도 한다.

그런 면에서 엔소르의 그림 속 가면과 화가의 자화상은 의미심장하게 느껴진다. 집단의 요구에 응하며 만들어진 사회적 가면이 나를 둘러싼 모습. 어쩌면 화가는 자신의 내면에 차곡차곡 쌓아온 타인의 기대치를 과감하게 '가짜'라 규정했는지도 모른다. 거짓 웃음을 흘리는 가면을 거부하고 민낯의 욕구를 찾아내는 것. 어쩌면 그것이 가면 속에서 맑은 얼굴로 정면을 응시하는 화가가 진정으로 원하는 것일지도 모른다.

나도 나를
잘 모를 수 있다는 사실

가끔 엔소르의 그림을 보며 내가 쓰고 있는 가면에 대해 생각해본다. 나의 맨얼굴은 무엇일까? 나는 정말 나를 알고 있는 걸까? 내가 원한다고 생각했던 게 진심으로 '내'가 원한 일이었을까?

막연히 남들의 욕망을 바라보며 동경하던 것을 '나의 욕망'이라 착각하며 인생 코스를 밟아 왔다. 남들이 원하는 삶을 나도 똑같이 원한다고 생각했다. 예쁜 그림 속 풍경처럼 잘 짜인 구도 속에서 살고 싶었다. 되짚어보니 그 풍경 속 어떤 부분은 나에게 맞지 않는 것이었다. 맞지 않음을 느낄 때마다 공허함을 느꼈다. 문제의 원인은 하나였다. 내 모습을 스스로 잘 몰랐다는 것.

얼마 전 심리검사 결과를 듣던 자리였다. 상담사가 나를 보며 말했다.

"자유로운 기질을 갖고 계세요. 여행하며 자유롭게 돌아다니는 게 적합한 기질이에요. 관습적이고 규칙을 따르는 직업이 맞지 않을 수 있어요."

이야기를 듣자마자 당황한 표정이 됐다. 내가 그런 기질을 가지고 있었다니. 정해진 규칙을 따르며 생활하는 게 맞는 사람이라 자부했는데. 심리검사 이야기를 전해 들은 20년 지기 친구가 말했다.

"몰랐어? 너 생각보다 자유로운 기질을 지닌 사람이야. 근데 남들한테는 관습적인 게 잘 맞는 사람처럼 보이고 싶어 하잖아."

갑자기 당혹스러워졌다. 나에 대한 글을 그토록 써댔는데, 아직도 내 안에는 미지의 영역이 남아 있었다.

그 이후 내가 어떤 사람인지 무얼 원하는 존재인지 알아보려 노력 중이다. 그러나 여전히 답은 모르겠다. 작은 깨달음을 얻었다고 해서 성향이 딱히 달라지지도 않았다. 여전히 무난하게, 튀지 않은 채 지내자는 것이 내 인생 모토다. 슬금슬금 눈치 보며 남들을 따라가는 성향도 바뀌지 않았다. 한국에 귀국하고 나서 몇 년간 입던 스키니 진을 버리고, 통이 넓은 바지를 샀다. 그래야 거리에서 튀지 않을 것 같으니까. 남들이 먹고 싶어 하는 오마카세가 TV에 나오면 무슨 맛인지 모르지만 따라 먹고 싶고, 로또나 연금복권에 당첨돼서 떵떵거리며 부자로 사는 꿈을 꾸는 것도 비슷하다.

그러나 이따금 의문을 품어본다. 지금 내가 가지고 싶은 게 내가 정말 원하는 건지, 타인이 원하는 걸 내 욕망이라 착각하는 건 아닌지. 최신 전자제품을 사고 싶을 때는 생각한다. 얼리어댑터로 보이고 싶은 건지, 나한테 필요한 걸 찾고 있는 건지. 글을 쓰고 싶을 때도 마찬가지다. 글쓰기의 즐거움을 느끼고픈 건지, 글 좀 쓰는 교양 있는 사람으로 남들에게 보이고픈 건지. 답은 아직 모르겠다. 모든 욕망은 뒤죽박죽 뭉쳐 있고, 나는 여전히 나를 잘 모르니까. 그렇지만 내가 어떤 사람이며 무엇을 원하는지 찾아가는 길 위에 있다고 생각한다.

별다른 이유 없이 마음이 공허해질 때는 한 번쯤 되짚어보는 게 좋다. 내가 원하는 것 또는 현재 내가 누리고 있는 삶이 누군가의 기대치와 욕망을 흉내 낸 것이 아닌지. 내가 바라는 직장이나 직업, 40평대 아파트나 중산층의 여유로운 모습이 나에게 맞는 것인지 아닌지. 남들 보기에 그럴듯해 보이는 모습을 그냥 따라가고픈 것인지, 민낯의 내가 희망하는 것인지. 나는 뭘 좋아하고 어떤 걸 원하는 사람인 건지. 이렇게 의문을 품다 보면 내가 진정으로 원하는 바를 찾을 수 있을지 모른다. 근사한 모습은 아닐지라도 적어도 마음 구멍 없는 나를 만날 수 있지 않을까 하는 기대를 품는다.

마음속 규칙을 파쇄해야 하는 순간

&

내가 살던 중동에는 '인샬라'라는 말이 있다. '신의 뜻대로'라는 의미를 담은 말로 그곳에 거주하는 교민들이 가장 싫어하는 단어다. 행정관청에서 일이 늦어질 때마다 직원들이 내뱉는 단어이기 때문이다. 그 나라 교통국이나 비자 담당 부서에 거주 비자나 운전면허증을 신청해도 몇 달 동안 일이 해결되지 않을 때가 있다. 심지어 나보다 늦게 신청했는데 더 빨리 증명서가 나오는 사람도 자주 보았다(주로 자국민의 일을 빨리 처리해준다). 어제까지 처리되었던 일이 오늘 갑자기 담당자의 기분이 바뀌어 해결되지 않는 경우도 존재한다. 답답한 마음에 담당자에게 찾아가 따지면 그들은 태연스레 말한다.

"인샬라!"

네 서류는 언제 처리될지 모르며, 모든 것은 '신의 뜻'이니 입

다물고 기다리라는 말이다. 이런 상황을 마주하기 싫어 어떤 교민은 처음부터 웃돈을 얹어서 행정을 처리해주는 사람을 고용하거나, 가문이 좋은 자국민에게 부탁해 관청에 문의 전화를 넣기도 한다. 그러면 문서 처리가 수월해지고 빨라지니까.

집의 냉장고나 세탁기를 고쳐야 하는 상황에서 동일한 단어를 들은 적도 있다. 한번은 냉장고가 고장 나 AS를 불렀다. 수리공 두 명이 드라이버 하나 없이 빈손으로 왔다. 그들은 필요한 부품이 아랍에미리트에 있으니 거기까지 냉장고를 통째로 옮겨야 한다고 말했다. 당황한 내가 언제까지 일이 해결되냐고 물으니, 여유롭고 능글맞은 미소를 지으며 "인샬라"라고 말했다. 일 처리가 엉망이고 느린 걸 '신의 뜻'으로 포장한 셈이다.

해외 생활 초기에는 충격의 연속이었다. 세상이 어느 정도 합리적으로 돌아간다고 생각하며 살아왔던 나였기에, 이토록 변칙적이고 랜덤이 만연한 나라가 존재한다는 사실을 믿기 어려웠다. 중동에 오기 전에 여러 나라를 여행한 적 있었고, 새치기 문화나 약속 파기, 바가지 씌우기 등의 황당한 일을 이미 경험한 바 있었다. 여행 때야 특별한 경험 정도로 간직할 수 있었지만, 거주하며 생활해보니 이건 웃음의 소재도, 추억거리도 아닌 고난의 연속이었다.

그러나 모든 일에 장단점이 있듯 새로운 깨달음도 왔다. 내가 지금까지 경험해온 세상을 다시 살펴보게 된 것이다. 세상 돌아가는 일이 모두 합리적이지 않을 수 있다는 점, 내가 믿던 인과관계가 들어맞지 않을 가능성도 있다는 사실, 세상에 '반드시 그래야 할 일'은 많지 않을 수도 있다는 걸 처음 깨달았다.

과거에는 노력했던 일이 수포로 돌아가거나 가까웠던 인간관계가 어긋날 때 합리적 원인을 찾는 데 주력했다. 그러다 보면 결국에는 내가 모자라고 부족해서 그렇다는 생각으로 이어졌다. 능력과 노력에 따라 모든 결과가 착착 정리된다는 믿음이 있었기 때문이다. 나를 탓하며 시간을 보내다가 최종적으로는 '더 노력해야 해. 능력을 길러야 해. 실수를 줄여야 해'로 결론 내리고는 했다.

중동에 오기 전까진 '반드시 그래야 한다'고 규정한 마음속 원칙이 많았다. 남들 보기에 괜찮아 보여야 한다는 생각, 못나 보이는 부분을 최대한 감추며 살아야 한다는 생각, 내가 노력한 일은 전부 잘 되어야 한다는 생각이 있었다. 되돌아보니 온갖 원칙과 명제들이 내 머릿속에 가득 차 있었다.

세상을 뒤집어 바라보는 묘미, 〈채소 기르는 사람〉

머릿속에 꽉 들어차 있던 규칙이 버겁다는 느낌이 드는 순간, 살펴보는 그림이 있다. 기발한 발상으로 눈길을 끄는 주세페 아르침볼도(Giuseppe Arcimboldo, 1527-1593)의 작품이다.

아르침볼도는 르네상스의 전성기에 태어난 예술가다. 화

가 가문에서 태어나 유년 시절부터 그림을 접하며 자랐다. 그가 활동하던 시기는 르네상스의 3대 거장인 레오나르도 다빈치(Leonardo da Vinci), 라파엘로 산치오(Raffaello Sanzio), 미켈란젤로 부오나로티(Michelangelo Buonarroti)가 인물화, 종교화 등 특정 영역의 미술 세계를 확고히 다진 시기 직후였다. 더 이상 비집고 들어갈 틈이 없을 것 같던 천재들의 시기에 아르침볼도는 자신만의 독특한 영역을 구축했다.

밀라노 출신의 그는 1562년 35세의 나이에 신성로마제국(중세부터 19세기 초까지 현재의 독일, 오스트리아, 이탈리아 등 거대한 제국을 아우르던 연방 국가)을 다스리던 합스부르크가의 부름을 받아, 궁정이 있던 비엔나로 거처를 옮겨 황제의 초상화를 그리기 시작했다. 당시 신성로마제국의 황제인 막시밀리안 2세(Maximilian II)는 새로운 것에 궁금증이 많은 인물이었다. 다양한 지식인과 예술가 들을 비엔나로 불러들였고, 최신 과학 기구나 희귀 동물의 표본 등을 수집하는 데 열을 올렸다.

이전까지 전통적인 화법을 고수하던 아르침볼도 역시 황제의 개방적인 성향을 알아차리고 새로운 시도를 해본다. 그는 새해를 맞은 기념으로 황제에게 누구도 상상치 못한 초상화를 선사한다. 황제의 모습을 사계절로 표현한 초상화였다.

작품을 잠시 살펴보자. 네 개의 작품에는 인물이 자리하고 있다. 분명 사람의 모습인데 자세히 살펴보면 각 계절을 대표하는 자연의 재료들로 화면이 채워져 있다.

주세페 아르침볼도, 《사계》 연작(왼쪽 위부터 봄, 여름, 가을, 겨울), 1573

봄은 화려하게 만발한 꽃들로, 여름은 풍성하게 열린 과일과 작물, 푸르른 잎으로, 가을은 익어가는 곡식과 과일, 포도주 통의 모습으로, 겨울은 잎이 떨어진 고목의 모습으로 표현되어 있다. 얼핏 기괴해 보이기도 하는 작품이나, 각 그림에는 나름의 의미가 담겨 있다. 네 가지 계절은 소년기, 청년기, 장년기, 노년기를 의미한다. 인간의 삶을 사계에 비유한 것이다. 한편으로는 네 계절을 다스리는 황제의 강력한 힘을 뜻하기도 한다.

이 괴상한 초상화를 본 황제는 어떤 반응을 보였을까? 열린 마음을 가졌던 막시밀리안 2세는 다행히 궁정이 떠나가도록 폭소를 터트렸다고 한다. 아르침볼도의 독특한 그림 기법은 꾸준히 황제의 사랑을 받았고, 덕분에 화가는 자신의 독창적인 화법을 이어갈 수 있었다.

그의 작품 중에서도 1590년 작 〈채소 기르는 사람〉은 흥미로운 관점을 보여준다. 왼쪽의 그림은 다소 독특해 보이는 인물화다. 검은 모자를 쓴 사람이 화면 속에 자리해 있는데, 자세히 살펴보면 둥근 양파, 당근, 깐 마늘 등이 인물의 눈, 코, 입, 수염을 구성하고 있다. 그러나 작품을 뒤집어보면 오른쪽 그림처럼 예상치 못한 장면이 나타난다. 화면에는 각종 채소가 담긴 검은 그릇이 놓여 있다. 이렇게 보니 특별한 것 없는 정물화다. 작품의 원래 모습은 오른쪽의 정물화였지만, 위와 아래를 뒤집어보면 왼쪽과 같이 인물의 형상이 드러나도록 그림을 그린 것이다.

단순히 기발한 발상으로 눈길을 끄는 작품이라 생각할 수 있

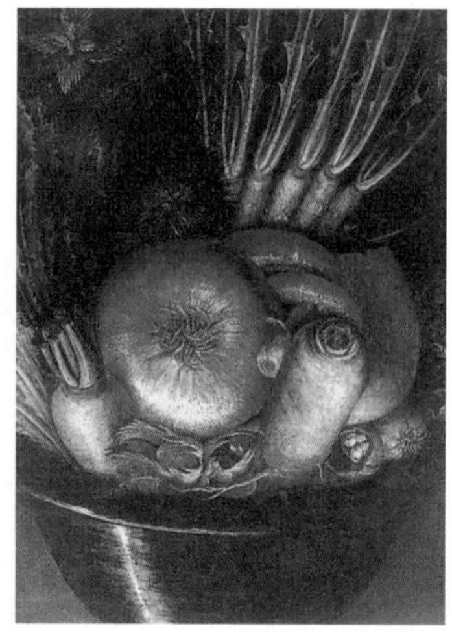

(좌) 주세페 아르침볼도, 〈채소 기르는 사람〉, 1590
(우) 〈채소 기르는 사람〉을 뒤집어놓은 그림

으나, 작품 속에는 화가의 노력이 숨어 있다. 아르침볼도는 얼굴 각 부분을 표현할 수 있는 채소를 생각해내고 적재적소에 배치하기 위해 과학적 연구의 과정을 기울였다고 한다.

〈채소 기르는 사람〉이 갖는 매력은 무엇일까? 인물화에 속하기도 하고, 정물화에 속하기도 하지만 궁극적으로는 그 어느 쪽에도 한정되지 않는 독특함 아닐까. 단순히 눈에 보이는 대상을 그려낸 것이 아니라 역발상을 통해 새로운 관점을 보여주는 것. 이것이 화가가 캔버스에 펼쳐낸 작품의 매력이라 할 수 있다.

당연한 것이
당연하지 않다는 사실

아르침볼도의 작품은 대상을 바라보는 새로운 관점을 제시해준다. 일반적이고 평범한 시선을 버리고 무언가를 뒤집어 바라보는 역발상. 16세기 화가의 작품은 21세기에도 충분히 새롭고, 낯설고, 신선하다.

아르침볼도의 그림을 보며 내 마음속 불필요한 규칙을 뒤집어보았다. 머릿속에 간직하고 있던 규칙 중 어떤 것은 살아가는데 도움을 주었지만 일부는 마음을 옭아매거나 지치게 했다. 계획한 일은 그대로 이루어져야 한다는 마음속 질서, 한번 손댄 일은 완벽하게 이루어야 한다는 원칙, 때로는 그 원칙 한두 가지 정도 없어도 마음 편히 살아갈 수 있음을 깨달았다.

누구나 삶을 살아내기 위해 자신만의 원칙을 세운다. 인생에 도움이 되는 규칙이나 잣대도 존재한다. 문제는 머릿속 규칙이 너무 많아 마음을 옴짝달싹하기 어려운 상태일 때 발생한다. 수많은 규칙 중 하나라도 어긋나면 혼란에 빠질 때도 있다. 규칙을 지키다 힘에 부치거나 지치는 경우도 있다. 어떤 이는 행복해지면 은근한 불안감을 느낀다고 말한다. '나에게는 어느 정도 불행이 존재해야 정상'이라는 내면의 규칙이 숨어 있기 때문이다. '과거의 상처와 불행이 나를 평생 쥐고 흔들 것'이라는 명제에 얽매여 힘들어하는 이도 있다. '나는 별 볼 일 없는 사람'이라는 생각에 사로잡힌 이들도 있다. 마음속 법칙이 스스로에게 해롭게 작용하는 셈이다.

세상이 은연중에 강요하는 규칙 때문에 힘든 경우도 있다. '가족은 화목함을 유지해야 한다'는 규칙 탓에 상처를 준 가족을 억지로 용서하거나 희생하며 괴로워하는 이들도 있다. '노력과 능력에 따라 모든 일이 결정된다'는 원칙 때문에 모든 실패를 내 탓으로 돌리며 괴로워하는 사람도 있다. 착하고 원만한 사람이 되기를 강요하는 분위기에 묻혀 스스로의 욕구를 억눌러 힘들어지는 경우도 있다.

이런 때에는 사회학적 상상력을 발휘해보는 것도 도움이 된다. 사회학적 상상력은 한마디로 '낯설게 보기'의 기술이라 할 수 있다. 세상의 기본값이라 생각하며 당연시했던 것들을 뒤집어보고, 의심하고, 사회적 맥락에서 새롭게 바라보는 과정을 말한다. 사회에 존재하는 규칙은 너무도 세밀하고 촘촘하게 우리의 내면에 스며들어 있어 당연한 것이라 여기기 쉽다. 가령 가족의 역할이나 능력주의, 인간관계와 사회성을 둘러싼 수많은 당위와 규칙들, 우리가 꼭 지켜야 한다고 생각했던 것들이 따지고 보면 반드시 필요하지 않은 '헛것'일 가능성도 크다.

당연하다 생각했던 것들을 거부하고 의심하는 과정을 거치면 마음속 불편함이 따라온다. 혼란도 찾아온다. 그러나 불편함과 혼란 뒤에 묘한 해방감이 다가오기도 한다. 괴로움이 가중될 만큼 내 안의 모든 규칙과 질서를 깨어가며 살아갈 필요는 없다. 다만 마음이 괴로울 때 '내 머릿속이 수많은 규칙과 명제로 가득 차 있었구나. 쓸모없는 것도 있겠구나' 정도만 인식해도 편안해질 수 있다.

일이 안 풀리거나 어긋난 상황 때문에 마음이 불편할 때, 괴로움이 시작되는 지점을 따라가 보자. 당신을 옭아매는 불필요한 명제와 규칙이 자리 잡고 있을 수도 있다. 그중 나에게 이롭지 않은 사고방식이나 해석법이 존재한다면 분리수거할 필요가 있다. 당신이 꼭 따라야 할 규칙은 생각보다 많지 않다.

나만 비정상인가 고민하고 있다면

&

예능 프로그램을 볼 때마다 우울해지던 시기가 있었다. 해외 생활을 막 시작하여 주변에 대화를 나눌 만한 이가 없었고 아이가 어려 외출도 쉽지 않을 때였다. 사회적으로 고립된다는 게 이런 느낌인가 싶던 나날이었다. 내 모습과 달리 예능 프로그램에는 화기애애한 분위기에 둘러싸인 채 지내는 사람들로 가득했다. 심지어 「나 혼자 산다」와 같은 프로그램을 봐도, 출연자들이 홀로 삶을 꾸려가는 모습보다 지인들과 모여 대화를 나누는 모습이 눈에 띄었다. 나는 아이 한 명에도 쩔쩔매고 버거워하는데 육아 프로그램에 출연하는 부모들은 여러 명의 아이를 능숙하게 돌보고 있었다. TV에 나오는 그들의 행복은 정상과 평범의 영역에 속한 것으로 느껴졌다. 자연스레 '지금 내 상황이 비정상인 건가?' 싶어 물음을 던지는 날이 늘어났다. 못나고 초라한 상태가 씁쓸하게 느껴져 점차 방송을 보지 않게 되었다.

결국 TV 시청을 대신할 것을 찾기 시작했다. 적극적으로 취미를 즐기거나 무언가를 새롭게 배울 시간적 여유는 없었다. 가능한 건 아이가 낮잠을 자는 한두 시간 동안 스마트폰을 손에 들고 인터넷의 바다를 헤매는 것뿐이었다. 주로 두 개 정도의 인터넷 커뮤니티에 자주 접속했다. 한쪽은 구성원 연령대가 나와 비슷한 30대부터 50대까지의 사람들이 대부분인 곳이었고, 다른 쪽은 비교적 젊은 세대가 모여 있는 곳이었다. 게시판에는 자신의 관심사에 대해 이야기하는 글이 빼곡했다. 고민인 척 자랑을 늘어놓는 이들도 있었고, 온라인 속 익명을 빌려 자신의 솔직한 고민을 털어놓는 이들도 있었다. 내용은 천차만별이었으나 근본적인 질문의 방향은 비슷했다. "친구가 하나도 없는데 비정상일까요?", "가까운 사람에게 열등감을 느껴요", "일상이 너무 무기력하고 우울해요", "속마음을 털어놓을 사람이 없네요", "저를 냉대한 가족이 원망스러운데 어떻게 해야 할까요?"

두 인터넷 커뮤니티는 연령대가 확연히 달랐지만, 놀랍게도 올라오는 고민은 비슷했다. 글을 읽은 이들이 남겨주는 댓글도 크게 다르지 않았다. 사람에 대한 기대치를 내려놓으라거나, 누구나 비슷한 상황에 놓이게 마련이니 마음 편히 생각하라는 이야기가 많았다. 가까운 사람에 대한 미움이나 원망, 열등감은 이상한 감정이 아니며, 자신도 비슷한 마음을 가지고 있다고 토닥여주는 댓글도 있었다. 가끔 글쓴이가 문제라며 노력하라는 말도 있었으나, 대체로 따뜻한 위로의 댓글이 많았다.

이런 고민들을 읽으며 다행이라는 생각이 들었다. 스스로를 비정상이 아닐까 불안해하며 끙끙 앓는 게 나만은 아니었구나, 내가 창피하다고 생각했던 감정이 많은 이들이 품어본 보편적인 감정일 수도 있구나. 단순한 깨달음이 위안으로 다가왔다.

인생의 길, 〈우리는 어디에서 왔고 누구이며 어디로 가는가〉

비정상의 영역에 스스로를 구겨 넣다 마음이 괴로워지는 시기가 있다. 그럴 때마다 폴 고갱(Paul Gauguin, 1848-1903)의 작품 한 점과 함께, 인간이 걸어가는 삶의 행로를 떠올려본다.

인상파 화가인 고갱은 독특한 삶의 궤적을 남긴 인물이다. 그의 인생은 가난에서 시작됐다. 저널리스트인 클로비스 고갱(Clovis Gauguin)의 아들로 태어난 그는 불과 18개월 때 아버지를 심장병으로 잃는다. 집안 형편이 어려워지자 어머니는 삯바느질로 생계를 이어갔다. 고갱 역시 일찍부터 생계를 책임져야 했다. 어머니의 죽음 이후에는 파리에서 증권거래소의 점원이 되어 일했다. 이후 경제적으로 비교적 여유롭던 덴마크 여성 메테 소피 가트(Mette Sophie Gad)와 결혼했고, 그에게도 윤택한 시절이 찾아왔다. 고갱은 이 시기부터 그림에 관심을 가지게 된다. 인상파 화가들의 작품을 수집하며 본인의 창작 활동 역시 시작한다. 회화 연구소에 다니며 그림을 그리고, 살롱에도 자신의 작품을 출품하며 인상파 화가들과 어울린다.

그런데 그가 30대가 되었을 때 프랑스의 주식시장이 무너지면서 관련 업계에 실업자가 대거 발생하게 된다. 이때 고갱은 증권거래소를 관두고 전업 화가가 되기로 결심한다. 처음에는 화가로 성공할 것이라 믿어 의심치 않았다. 하지만 생활의 어려움은 끊이지 않았고, 가세가 기울자 아내와의 불화도 이어졌다. 이후 남미로의 짧은 여행, 고흐와의 동거, 파리 만국박람회에의 출품 등 다사다난한 나날이 이어졌다. 그는 마지막으로 먼 곳으로의 떠남을 택한다. 문명 생활에 싫증을 느끼고 원시적이고 순수한 문화에 오랫동안 관심이 있던 화가는 1891년 남태평양의 타히티로 향한다.

타히티의 마타이에아 섬에 정착한 그는 원주민들의 밝고 건강한 모습, 열대의 순수하고 정열적인 색채를 화폭에 담는다. 그의 오랜 기원이 이루어진 셈이다. 그러나 이것이 해피엔딩은 아니었다. 궁핍한 생활과 타지에서의 고독은 그를 떠나가지 않았다. 2년 후 고갱은 그리운 파리로 돌아가 개인전을 열었지만 상업적으로 성공을 거두지 못했다. 자신의 작품 세계를 사람들에게 이해시키기 위해 여러모로 노력했으나 이러한 시도 역시 실패로 돌아간다. 가족들의 냉담한 반응 역시 그에게 절망을 안겨주었다.

프랑스에서 괴로운 시절을 보낸 후 고갱은 타히티로 돌아간

폴 고갱, 〈타히티의 여인들〉, 1891

폴 고갱, 〈언제 결혼하니?〉, 1892

다. 이후 한 달여간 집에 틀어박혀 한 편의 그림을 그려낸다. 〈우리는 어디에서 왔고 누구이며 어디로 가는가〉라는 거대한 크기의 작품이다. 그는 습작의 과정 없이 바로 캔버스 위에 이 그림을 그렸다고 한다.

작품은 생로병사로 이어지는 인간의 삶을 은유적으로 담고 있다. 그림의 가장 오른쪽에는 누워있는 아이가 있는데, 인간의 일생을 시작하는 단계를 나타낸다. 그림의 가운데에는 과일을 따는 한 청년이 있다. 그가 수확하고 있는 과일은 그리스도의 선악과로, 인간의 욕망을 의미하는 것으로 볼 수 있다. 젊은이들은 대체로 그림 속 청년처럼 무엇인가를 갈구한 채 부지런히 움직이며 삶을 이어간다.

그에 비해 삶의 후반부로 갈수록 인생의 고통과 허무함이 느

폴 고갱, 〈우리는 어디에서 왔고 누구이며 어디로 가는가〉, 1897-1898

껴진다. 작품의 가장 왼쪽에 얼굴을 감싼 채 주저앉아 있는 노인이 보인다. 죽음이 얼마 남지 않은 노인은 어둡고 고독한 모습이다. 관람자는 그림의 오른쪽에서 왼쪽으로 시선을 움직이며 인간의 탄생에서부터 삶, 죽음에 이르는 여정을 엿볼 수 있다. 아이와 청년, 노인의 사이에는 다양한 인물과 소품이 놓여 있다. 인생을 논하는 듯 이야기하며 걸어가는 여인들, 관람자를 쳐다보는 여인들, 다양한 동물들이 보인다. 특히 가장 오른편에 있는 검은 개는 그림의 왼쪽을 쳐다보고 있는데 죽음을 바라보는 고갱 자신을 의미한다는 이야기도 있다.

작품을 그릴 당시 고갱은 갖가지 시련에 맞닥뜨린 상황이었다. 파리에서는 작품 세계를 인정받는 데 실패했고, 아끼던 딸의 죽음까지 맞게 된 시점이었다(그림의 왼쪽에 타히티 섬의 여신이 그려져 있는데 그 옆에 서 있는 것이 죽은 딸의 모습이라는 해석이 있다). 자신의 건강까지 망가진 상태였다. 절망에 빠진 화가는 이 그림을 완성한 후 자살 시도를 했으나 실패한다. 결국 〈우리는 어디에서 왔고 누구이며 어디로 가는가〉는 죽음을 각오한 화가가 유언처럼 남긴 그림으로 볼 수 있다. 삶의 시련에 맞닥뜨린 인간이 돌아보는 삶의 행로. 작품은 감상자에게 묵직한 여운을 남긴다.

우리의 고민은 특수하지만 보편적이다

〈우리는 어디에서 왔고 누구이며 어디로 가는가〉는 관람자에게 거대한 질문을 던지는 작품이다. 그림이 던지는 질문에 선뜻 답하기는 어렵다. 현재 우리는 삶의 여정, 그 중간에 서 있기 때문이다. 인생의 목적지가 어디인지, 우리가 누구이며 삶이 정확히 어떤 의미를 가지는지 알지 못한 채 하루하루를 걷는 여행자와 같다. 그렇지만 확실한 사실이 하나 있다. '탄생-삶-죽음'으로 이어지는 외로운 여정에서 예외인 이는 없다는 사실이다. 인간이라면 누구나 생로병사의 과정을 겪는다. 우리 모두는 작품에 그려진 인생행로를 그대로 걷고 있는 중이다.

사람들이 겪는 괴로움은 모두 개별적이고 특수해 보이지만, 한편으로는 놀라울 정도로 보편적이고 비슷하다. 혼자라는 외로움, 가까운 사람과의 이별, 미움이나 질투심, 열등감, 채워지지 않는 욕심에서 오는 괴로움, 무기력하게 지치는 순간 등 인간은 놀라울 정도로 비슷한 고민을 하며 살아간다.

우리는 이따금 스스로를 '별나고 이해받지 못할, 평균 이하의 인간'이라고 생각하며 스스로를 괴로움에 밀어 넣는다. 다른 사람들은 멀쩡하게 사람들과 어울리고 인정받으며 행복하게 살아가는데 나만 그렇지 못하다는 느낌, 내 삶만 유독 초라하고 쓸쓸하다는 생각 때문에 한없이 외로워진다.

씁쓸한 판단의 기준점이 되는 것은 '정상의 삶'이다. 정상의 삶은 나의 외부에 존재한다고 착각할 때가 있다. 방송이나 SNS, 일상의 밝은 볕 아래에 보이는 화려하고 산뜻한 타인의 모습을 '정상'의 영역으로 여기는 것이다. 그에 미치지 못하는 내가 '비정상'이라는 생각에 마음 졸이기도 하고, 내 고민은 특수한 것처럼 보여 이해받지 못할 거라 생각하기도 한다. 그러나 완벽해 보이는 그들 역시 나와 비슷한 고민을 품고 살아간다는 사실을 깨달으면, 생각지 못한 위안이 찾아온다.

우리는 몇 가지 잣대로 정상과 비정상을 쉽게 구분한다. 그러나 인생이라는 큰 틀에서 내려다보면, 정상과 비정상의 영역은 애초에 존재하지 않는다.

남들과 똑같기 때문에 당신의 고민이 아무것도 아니라는 이야기는 아니다. 감정의 보편성을 강요하자는 논리도 아니다. 그저 당신을 불안하고 외롭고 초라하게 만드는 그 문제가 혼자만 지고 있는 짐이 아닐 가능성이 크다는 말을 하고 싶다. 그 짐이 당신의 것만이 아니라는 사실을 깨닫는 순간, 불안감과 고립감을 조금 덜어낼 수 있다. 자기 연민이라는 틀을 벗어날 기회도 생긴다. 비정상이라는 틀, 내가 별나고 이상한 존재라는 판단은 당신 스스로 만들었을 가능성이 크다.

타고난 나를 바꿀 수 있을까

“넌 좀 우울끼가 있잖아.”

15년 전쯤, 누군가 나에게 이 말을 던졌다. 가까운 지인이었다. 당황스러우면서도 뜨끔했다. 우울에도 끼가 있나? 연예인이 충만한 끼를 가진 것처럼? 상대가 언급한 건 우울증이나 우울감이 아닌 우울‘끼’였다. 아마도 우울한 기질 정도를 의미하는 것 같았다.

생각해보면 어린 시절부터 나는 평범하긴 하지만 밝은 어린이는 아니었던 것 같다. 산타클로스가 없다는 사실을 네 살 때 이미 깨달았고, 다섯 살 때는 죽음에 대해 골똘히 고민해보기도 했으니까. 초기 폐렴에 걸렸던 아홉 살 때는 ‘폐렴에 걸리면 죽는다’는 가짜 정보를 철석같이 믿고 죽는 게 두려워 하루 종일 운 적도 있다. 책을 좋아하고 글을 쓰는 것도 좋아했지만, 꼼꼼하고 차분한 성격은 아니었다. 머릿속에는 항상 생각이 촘촘하게 차 있었는데, 그에 비해 행동은 얼기설기 덜렁댔고 느린 편이었다. 신나고 즐거운 상상보다 어둡고 현실적인 생각을 하며 시간을 흘려보냈다.

물론 나에게도 '명랑한 자아'가 존재한다. 사람들과 웃고 떠드는 걸 좋아한다. 그럼에도 내면에 '우울한 자아'와 '명랑한 자아'가 차지하는 비율을 비교해본다면 60:40 정도인 것 같았고, 가끔은 머릿속에서 우울한 자아가 압승을 거두는 날도 있었다. 어린 시절부터 주변의 반응을 살펴보며 우울한 자아는 환영받지 못하는 존재라는 걸 알 수 있었다. 엄마의 걱정을 끼치지 않으려면, 더 많은 친구를 사귀려면, 우울한 나를 적당히 숨겨놓을 필요가 있었다. 우울한 마음이나 괴상한 상상은 입 밖으로 꺼내놓지 않았다. 어른이 된 후 어두운 분위기의 영화를 보고 싶을 때면, 홀로 시내의 작은 극장으로 향했다. 우울함을 자극하는 음악도 나 혼자 있을 때 들었다.

배우가 메소드 연기에 빠져 본래의 자아를 잊듯, 나도 어두운 자아를 어느 정도 마음 깊숙한 곳에 숨겨두고 잊었다. 그런데 가까운 이들을 대할 때 우울하고 예민한 구석이 슬금슬금 삐져나왔나 보다. 완벽히 숨겼다고 생각했는데 내 어두운 구석을 간파한 지인의 말에 뜨끔했다.

따져보면 나는 세상의 기준대로 '우울하고 예민한 성격'을 좋지 않은 특성으로 결론 내고 있었다. 우울한 나보다는 '명랑하고 사람들과 잘 어울리는 나'를 더 우월한 자아로 여겼다. "생각이 너무 많아 보인다"는 말을 들으면 기분이 찜찜했고, 결혼 이후 내 본 모습을 보고 당황한 남편(남편의 이상형은 밝고 명랑한 여성이다)이 "모든 걸 좀 밝게 바라보고 생각해"라고 말하면 발끈했다.

주변을 살펴보니 나만 타고난 기질을 싫어하는 건 아니었다. 지인 A는 부끄러움이 많고 내성적인 자신의 모습을 좋아하지 않았다. 더 활달한 이미지로 보이고 싶어 했다. B는 부당한 일을 따지고 들며 자기도 모르게 쌈닭이 되는 스스로를 싫어했다. C는 자신의 천성적인 게으름을 자주 한탄했다. 나도 그들도, 신이 쥐어준 우리의 기질을 미워하고 있었다.

우울이라는 기질의 양면성, 〈멜랑콜리아 I〉

내 안의 우울한 기질과 멀어지고 싶을 때면, 색다른 방식으로 우울을 정의 내린 그림을 본다. 알브레히트 뒤러(Albrecht Dürer, 1471-1528)라는 독일 화가의 작품이다.

뒤러는 독일 최고의 미술가라 불리는 인물이다. 독일의 뉘른베르크에서 금세공업자의 아들로 태어났다. 아버지의 일을 도우며 지내다가 그림에 흥미를 느껴 예술의 길로 접어들었다. 1494년경, 이탈리아 베네치아로 여행을 간 것이 그의 인생에 전환점

알브레히트 뒤러, 〈자화상〉, 1500

알브레히트 뒤러, 〈요한계시록의 네 기사〉, 1498

이 되었다. 이 장기 여행 덕분에 20대의 화가는 이제 막 피어나던 르네상스 예술의 정취를 접할 수 있었다.

고향인 뉘른베르크에 돌아온 뒤러는 자화상과 초상화를 그리며 뛰어난 실력을 보여준다. 모피로 만든 옷을 입고 정면을 향해 당당하고 품위 넘치는 시선을 던지는 그의 자화상. 뒤러가 가진 화가로서의 자부심을 보여주는 그림이다. 그는 회화뿐 아니라 판화에도 뛰어난 능력을 보였다. 수많은 작품 중에서도 열여섯 점으로 구성된《요한계시록》연작이 유명하다. 상업적 성공과 예술적 인정을 함께 거머쥔 뒤러는 시 위원회가 임명한 화가로 업무를 수행하기도 했다.

다음은 그의 동판화 대표작 중 하나인 〈멜랑콜리아 I 〉이다. 수수께끼 같은 상징으로 가득 찬 그림이다. 가장 먼저 눈에 띄는 건 그림의 오른편에 위치한 인물이다. 날개를 달고 바닥에 멍하니 앉아 있는 여성이 골똘히 생각에 잠겨 있다. 여성의 주변에는 각종 공구가 나뒹굴고 있고, 뒤편에는 건물과 사다리가 보인다. 그림의 배경은 공사 현장으로 보이기도 한다. 주위에 널브러진 물건은 여성의 어지러운 머릿속을 상징하는 걸까. 그림 속에서 늘어져 자고 있는 개와 시무룩하게 앉아 있는 날개 달린 아이 역시 무기력한 분위기를 자아낸다.

작품의 제목에 들어간 '멜랑콜리아(Melancholia)'는 '우울'이라는 뜻의 단어다. 서양에는 고대 그리스 시대부터 인간의 성격을 네 가지로 해석하는 사성론(四性論)이 존재했다. 사성론에 의하면 인간의 유형은 몸속의 액체 중 무엇이 많은가에 따라 네 가지 부류로 나뉜다. 밝고 활달하다는 '다혈질', 급한 성격의 '담즙질', 다소 음침한 특성을 가졌다는 '점액질', 내향적이고 생각이 많은 '우울질'(흑담즙(melainacole)이 많은 체질이라 믿었기에 멜랑콜리아로 불렸다) 네 가지다. 중세 시대에 사람들이 선호하지 않은 특성이 멜랑콜리아, 우울질이었다. 머릿속으로 공상을 많이 하는 데 비해 몸은 게으르다 여겼기 때문이다.

그러나 르네상스 시기 이후 인간이 지닌 이성과 사고의 힘이 중시되면서 우울질에 대한 인식이 바뀌기 시작했다. 우울질의 성격을 지닌 이들은 생각을 많이 하는 인물이었으니, 예술이나 학

알브레히트 뒤러, 〈멜랑콜리아 Ⅰ〉, 1514

문 등 창조적 활동에 우수하다는 평가를 받았다. 뒤러의 작품 속 대패, 톱, 자, 저울, 모래시계 등은 건축이나 수학을 연구하는 이에게 필요한 것들이다. 특히 여성의 뒤편 벽에 새겨져 있는 매직 스퀘어가 인상 깊다. 마방진이라고도 불리는 매직 스퀘어는 1부터 숫자를 중복되지 않게 적어 가로와 세로, 대각선의 숫자의 합이 모두 같도록 만든 정사각형을 말한다. 이 역시 여성의 지적 능력을 대변하는 장치로 볼 수 있다.

여성은 지금 펜으로 무언가를 쓰는 중이다. 우울하고 무기력한 얼굴로 보이기도 하지만, 눈빛만큼은 날카롭게 빛난다. 그가 가진 창조적 능력을 대변하는 눈빛이다. 여성의 모습이 단순히 우울한 기질을 가진 인물을 대변하는 것이 아닌, 뒤러의 예술가적 자아를 드러낸 것이라 평하는 이들도 있다.

세상의 잣대에 따라 기질을
우열로 구분하지 않기

뒤러의 그림은 무엇을 말할까. 예민하고 우울한 여성은 무기력하고 신경질적으로 보이기도 한다. 그러나 기질은 동전의 양면과 같다. 모든 특성에는 좋은 것과 좋지 않은 것이 혼재되어 있다. 그러니 우울이라는 기질이 선사하는 장점과 재능도 존재하지 않을까?

우리는 자신의 타고난 기질 중 나쁜 것만 되새기며 괴로워하는 경향이 있다. 나도 물론 그렇다. 지난 시간을 되돌아보았다. 내 인생을 통틀어 내가 가장 오랜 시간 창피해하고 미워한 사람은 누구였을까? 생각해보니 주요한 대상은 나였다. 날 미워하거나 부끄러워하는 데 그동안 시간을 얼마나 썼을까? 뜬금없이 궁금해져 계산을 해보았다. 철이 든 열 살 무렵부터 하루에 5분 정도씩 날 싫어하는 데 시간을 썼다고 가정해보면, 인생 통틀어 총 900시간, 분으로 따지면 총 약 54,000분을 자기혐오에 쓴 셈이다. 예상보다 긴 시간이다.

내가 싫어한 스스로의 기질은 '생각이 과잉인 특성'과 '우울한 성격'이었다. 그러나 그 우울한 기질에조차 좋은 점과 나쁜 점이 있었다. 끊임없는 생각은 나름대로 인생의 재미를 선사했고, 날이 선 감각은 주변을 관찰하도록 만들었다. 주변의 상황 변화나 타인의 감정을 빠르게 파악하고 기민하게 대처할 수 있었다. 글을 쓰는 데에도 어느 정도 성격의 혜택을 받았다.

어떤 기질이든 비슷하지 않을까? 세상은 개인이 가진 '기질'이나 '특성'을 좋은 것과 나쁜 것, 우월한 것과 열등한 것으로 나누는 데 익숙하다. 이를테면 우울보다는 명랑함이, 느긋함보다는 빠릿빠릿함이, 예민함보다는 무난함이 사회 적응에 적합한 특성으로 여겨진다. 어른은 '바람직하지 못하다'고 생각되는 아이의 기질을 고쳐주려 노력한다. "쭈뼛대지 말고 씩씩하게 좀 말해", "예민하게 굴지 마. 사람들이 싫어해", "왜 그렇게 여유롭니. 빠릿빠릿하게 움직여야지". 어른이 아이에게 쉽게 건네는 조언이다.

어른의 가르침과 세상의 시선은 아이의 인생 경로에 도움을 준다. 적당한 사회화는 나쁜 것이 아니니까. 문제는 그런 가르침을 받고 자란 아이가 성인이 돼서도 24시간 내내 자신의 기질을 숨기며 살아갈 때 발생한다. 성인이 된 아이는 타고난 기질을 부끄러워하거나 미워하며 시간을 보내기도 한다. '나는 왜 이렇게 생겨먹었지? 좀 달라질 수 없을까? 다른 나로 태어나고 싶어.' 의외로 많은 이들이 자신의 기질을 탓하며 살아간다.

타고난 걸 '나쁜 특성'으로 규정짓고 그 뒤로 숨으면 어떤 일이 생길까. 내 기질을 미워하는 데 시간과 에너지를 쓰니, 하고 싶은 일에 사용할 수 있는 에너지가 줄어든다. 부정적이라 생각하는 기질을 핑계 삼아 새로운 일에 도전하지 못하기도 한다. 마음과 행동이 자연스럽지 않으니 쉽게 피곤해질 때도 있다. 나다운 모습으로 살아가지 못하니 나다운 행복을 느끼기도 어렵다.

그러니 한 번쯤 '이렇게 생겨먹은 나'의 장점을 따져보는 게 좋다. 타고난 기질을 좋은 쪽으로 해석하는 연습이 필요하다. 앞서 말한 지인 A는 조용하고 내성적인 자신을 창피해했지만, 내가 보기에 그는 온화하고 믿음 가는 이미지를 지니고 있었다. B는 쌈닭인 자신을 싫어했지만, 비판 정신이 넘치기에 야무지고 똑 부러져 보였다. C는 여유로운 성격으로 주변을 두루 살피고 관찰하는 능력을 지니고 있었다. 내향적인 특성, 비판 정신, 여유로운 성격은 때때로 그들을 힘들게 했다. 그러나 어떤 면에서 그 기질은 축복이었다.

숨길 수 없이 드러나는 특성, 뾰족하고 울퉁불퉁하게 느껴지는 내 안의 무언가가 있다면, 우월과 열등이라는 세상의 잣대를 내려놓고 그대로 바라봐도 괜찮다. 내 기질이 원래 그러함을 받아들이고 유리한 쪽으로 해석하며 조금씩 자연스러운 모습을 꺼내놓으면 '나다운 삶'을 꾸려갈 자신감이 생긴다. 숨긴 지 오래되어 나다운 기질이 도대체 뭔지 모르겠다면 내가 '좋아하는 것'과 '싫어하는 것'부터 명확하게 구분해보자. 내가 어떤 상황에서 편안하고, 어떤 상황에서 불편한지 구체적으로 따져보는 것도 방법이다. 스스로에 대한 진지한 탐구가 있어야, 나다운 삶의 방식을 찾아갈 수 있다.

요즘에도 우울한 샛길로 빠지는 내 사고 회로가 싫은 날이 있다. 남들과 나를 비교해가며 기분이 가라앉는 날도 있다. 그래도 타고난 기질을 숨기거나 미워하는 데 너무 많은 시간을 낭비하지는 않겠다고 다짐해본다. 인생은 유한하니까. 우울끼가 있다는 말을 다시 듣는다면, (또다시 당황하겠지만) 웃으며 받아들이고 싶다. 우울끼도 타고난 끼니까.

허세 권하는 사회에서 중심 잡기

&

SNS 게시물을 하루에 몇 개씩 올리던 지인이 있었다. 게시물 사진 속 그의 삶은 행복으로 가득해 보였다. 이른바 핫 플레이스라 불리는 장소마다 방문하며 여유롭게 아이를 키우는 그의 일상에 많은 이들이 '좋아요'를 누르며 호응했다. 그러나 현실 속 그의 모습은 조금 달랐다. 아이들을 쫓아다니며 분주하게 사진을 찍고, 육아와 집안일에 치이는 일상이 실제 그의 삶이었다. SNS에 어떤 사진을 올릴지, 어떤 문구를 올릴지 고민하며 그의 분주함은 한층 더 심해졌다.

그의 행동을 이해하지 못한 시절도 있었다. 사진 한 장을 올리기 위해 저런 수고를 마다하지 않는 이유가 뭘까? 자신을 있는 그대로 드러내지 못하는 까닭이 있는 건가? 의아했다. 그러나 SNS의 세계에 발을 들여놓은 후 모든 의문이 풀렸다. 나 역시 비슷한 상황을 마주했으니까. 일상을 낱낱이 공개한 건 아니었으나, 나 역시 글을 쓰는 내 부캐를 내세우며 SNS를 지속했다. 글을 쓰거나 강연에 갈 때마다 어떤 장면을 찍어 게시물을 올려야 할지 고민이 됐다. 때때로 명화 사진도 올렸더니 어느 순간부터는 미술관에 가서 작품을 감상할 때조차 SNS에 올릴 적절한 문구를 고민하고 있는 나를 발견했다. 그 시점에야 비로소 지인의 바쁜 일상을 이해하게 되었다.

이른바 '부캐 전성시대'다. 미디어뿐 아니라 SNS에서도 부캐 열풍이 불었다. 멀티 페르소나, 다양한 가면을 쓰고 벗는 '부캐 놀이'는 일종의 문화로 자리 잡았다. 그러나 어느 순간부터 부캐가 단순히 자기표현의 수단에 머물지 않고 N잡러가 되기 위한 지름길로 통하기 시작했다. '타인에게 보여주기 좋은 나'를 연출하는 수단이 되기도 했다. 가상현실 속 부캐를 유지하기 위해 시간과 비용을 아끼지 않는 이들도 늘어났다. '사진을 통해 드러나는 나'는 강력한 힘을 발휘했다.

나 역시 SNS 속 멀티 페르소나를 유지하기 위해 내 일상 중 어떤 장면을 선별해 올려야 할지 고민하며 보내는 시간이 늘었다. 가상현실 속 소통의 끈을 놓지 않기 위해 틈틈이 스마트폰을 들여다보았다. 머릿속 스위치가 24시간 ON에 머물러 있는 느낌이었다. 현실 속 나와 SNS 속 나의 간극 때문에 힘들어지는 때도 있었다. 이걸 올리는 내가 '진짜 나'인지 사진 속 내가 진실인지 혼란스럽기 시작했다.

풍경으로 가득 찬 결혼 기념 그림, 〈앤드루 부부의 초상〉

SNS 속 사진 한 컷과 짧은 문구로 날 표현해야 하는 멀티 페르소나의 시대에 지칠 때면, 18세기의 그림 한 점을 떠올린다. 토머스 게인즈버러(Thomas Gainsborough, 1727-1788)라는 화가의 작품이다.

게인즈버러는 로코코 시대에 활동했던 영국의 초상화가이자 풍경화가다. 영국의 서드베리라는 곳에서 태어난 그는 원래 조용한 시골의 풍경을 그리는 데 관심이 많았다. 그러나 당시에는 풍경화의 수요가 없었기에 그의 관심은 생계를 유지하는 데 도움이 되지 못했다.

당시는 초상화가 인기를 끌던 시대였다. 부와 사회적 지위를 쌓기 시작한 부르주아 계층이 자신들의 모습을 화폭에 남기려 했기 때문이다. 초상화 주문이 밀려들자 게인즈버러는 새로운 방안을 모색한다. 영국의 나무와 숲, 언덕을 배경으로 한 초상화를 그리기 시작한 것이다. 그림으로 돈을 벌면서도 그가 원하는 풍경화를 그릴 수 있는 방법이었다. 화가는 빠르고 뛰어난 붓놀림과 날카로운 관찰력을 바탕으로 틀에 박히지 않은 초상화를 그려냈다. 풍경화가로서의 욕심을 버리지 않은 적절한 선택이었다.

게인즈버러의 이러한 특징은 그의 대표작 〈앤드루 부부의 초상〉에서도 여지없이 드러난다. 화가가 자기 고향에서 활동하던 20대 무렵 완성한 작품이다. 비옥한 대지를 배경으로 한 쌍의 부

토머스 게인즈버러,
〈미스 엘리자베스 허버필드〉, 1782

토머스 게인즈버러,
〈공원에서의 대화〉, 1746

부가 앉아 있다. 고급스러운 옷을 걸치고, 다소 딱딱해 보이는 표정으로 정면을 응시하는 두 인물의 모습이 인상적이다.

작품의 주인공인 앤드루 부부는 게인즈버러의 고향인 영국 서드베리에 살던 부유하고 젊은 지주 계층이었다. 그림은 그들의 결혼을 기념하여 그려진 초상화다. 그림의 가장 오른쪽에 밀단이 쌓여 있는데 이는 다산을 상징한다. 결혼 기념 그림에 적합한 소품이었다.

사실 남편 로버트 앤드루(Robert Andrew)는 게인즈버러와 유년기부터 알던 사이였다. 어린 시절 같은 학교에 다닌 사이였지만 두 사람 사이에는 사회적 격차가 존재했다. 앤드루가 옥스퍼드 대학교에 진학할 때, 게인즈버러는 화가의 도제 생활을 시작해야 하는 처지였다. 어쩌면 앤드루 부부의 조금은 뻣뻣한 자세와 자신만만한 표정은 계급 격차를 느낀 화가의 심경을 반영하는 모습일지도 모른다. 초상화임에 분명하지만, 부부의 모습은 그림 한쪽 구석에 몰려 있고, 화면 속 풍경의 비중이 매우 크다. 넓은 농지와 아름다운 숲이 화면의 대부분을 차지하고 있다. 넓은 들판과 풀을 뜯고 있는 가축은 모두 서드베리에 있는 앤드루 부부의 사유재산이었다. 그림 속 소품 역시 젊은 커플의 부(副)를 짐작하게 한다. 남편이 들고 있는 엽총은 사냥 면허를 소지했음을 의미한다. 이는 당시의 특권층만이 가질 수 있는 것이었다. 아내가 입은 로코코 풍의 공단 드레스 역시 당대 부르주아 계층이 입던 고급 재질의 옷이었다.

토머스 게인즈버러, 〈앤드루 부부의 초상〉, 1750년경

부부의 당당한 자세와 다소 부자연스럽지만 거드름 피우는 표정은 당대 부르주아 계층의 자신감을 보여준다. 앤드루 부부가 속해 있던 18세기의 부르주아 계급은 사유재산을 중시하고 자신들의 경제·사회적 지위를 과시하는 데 주력했다. 특히 농촌의 재력가들은 자신들의 토지를 공유지와 구분하기 위해 경계를 긋고 울타리를 둘러쳤으며 이익을 위해 전략적으로 토지를 운영하였다(실제 앤드루 부부 역시 자신들의 소유지에 대한 관심이 높았다고 한다). 초상화를 살펴보면 그들이 자신의 부를 타인에게 보여주는 데 적극적이었음을 짐작할 수 있다.

자아연출의
ON/OFF를 꺼야 할 때

작품의 절반 이상이 풍경인 〈앤드루 부부의 초상〉을 통해 풍경화에 대한 화가의 애정을 엿볼 수 있다. 뿐만 아니라 한 장의 그림을 통해 자신들의 부와 사회적 지위를 과시하고자 했던 당대 부르주아 계층의 욕망 역시 짐작할 수 있다.

18세기 영국에 살던 부르주아 계급의 허세는 SNS의 사진 한 장에 매몰된 현대인의 초상과 묘한 접점을 보인다. 몇 컷의 사진으로 나를 설명하게 된 시대, 사람들은 철저하게 '타인에게 보여지는 이미지'에 집중한다. 이 때문에 SNS 시대 이전의 인간과는 다른 행동 양식을 보인다. 이전의 사람들은 집 밖으로 외출하기 전에 자신의 외모를 가다듬으며 스스로를 연출하는 과정을 거쳤다. 사회학자 어빙 고프먼(Erving Goffman)에 따르면 사람들은 조금이라도 더 좋은 모습으로 보이기를 바라며 무대 위의 배우처럼 일상을 연기한다. 공연의 앞무대는 주로 타인과 사회적 관계를 맺을 때로 한정되어 있었다.

그러나 스마트폰과 SNS 시대가 열리며 공식적인 공연이 이루어지는 앞무대의 영역이 무한정 넓어졌다. 24시간 조명이 환하게 비추는 무대 위에서 개인은 언제 어디서나 타인의 자아가 연출된 사진을 볼 수 있게 된 동시에, 나의 자아를 드러내야 하는 처지에 놓였다. 쉴 틈 없이 내 모습과 이야기를 꺼내놓아야 하는 연출자 겸 배우의 역할을 부여받은 것이다.

많은 이들이 명품 가방이나 시계, 자동차, 옷차림 등의 소유물을 통해 자신의 사회적 위치를 은근한 방식으로 드러낸다. 화려한 인맥이 담긴 사진이나 지인과의 다정한 한 컷을 통해 나의 인적 자본을 드러내고, 고전을 읽고 듣는 모습을 연출하며 나의 지적 능력이나 문화적 자본을 뽐내기도 한다.

나 역시 크게 다르지 않았다. 가상현실 속에서 누군가와 소통하거나 나를 표현함으로써 SNS의 순기능을 마음껏 누리기도 했다. 그러나 실시간으로 올라가는 피드의 물결에 합류하기 위해 자아를 연출해야 하는 순간이 많았다. 타자의 시선을 철저히 의식할 때도 많았다. 누군가의 잘 나가는 삶을 쳐다보며 완벽한 삶에 대한 동경도 커졌다. 피로가 쌓였다. 다른 삶을 살기 위해 중간 점검이 필요함을 느꼈다. SNS 속 나의 모습과 현실 속 내 삶의 괴리가 지나치게 커지지 않는지 이따금 살펴보기로 결심했다. 내 모습을 어디까지 노출할 것인지, 타인의 삶을 어느 정도까지 엿볼 것인지 그 수위를 머릿속으로 정했다.

무엇보다 일정 시간 동안 스마트폰을 내려놓기로 결심했다. 이제는 머릿속 ON 버튼을 과감하게 OFF로 내려놓는 시간을 가진다. 디지털 디톡스(Digital Detox)라는 흐름을 따르기로 결정한 것이다. 시도해보니 자유와 해방이 의외로 멀지 않은 곳에 있음을 깨달았다.

만약 당신도 그동안의 나처럼 스마트폰 속 세계를 끊임없이 들여다보고 있다면, 현실의 삶과 SNS 속 장면에 괴리감을 느낀다면, 타인의 삶을 엿보는 데 지친다면, 잠시 무대에서 내려와 현실을 살아보는 것도 괜찮다. 현실은 작은 직사각형 속 세상보다 넓은 곳이니까.

자신의 욕망에 당당해진다는 것

&

몇 년 전 겨울, 나는 노트북 화면을 노려보며 글자와 백스페이스를 번갈아 누르고 있었다. 한 정기 간행물에 기고한 뒤, 원고료가 입금되지 않아 문의 메일을 작성하던 중이었다. 이전 달 중순에 글을 넘겼고, 원고가 실린 간행물은 이미 세상에 나온 상태였다. 편집 담당자가 언급했던 입금 기한은 한 달을 넘어가고 있었다. 이번이 두 번째 독촉 메일 작성인 셈이었다. 세전(稅前) 25만 원의 원고료. 25만 원만큼의 고민이 나를 누르고 있었다.

분명 담당자가 월말까지 돈을 입금해준다고 말했는데. 일회성으로 기고한 글의 원고료라 문의 메일을 보내는 게 더 난감하게 느껴졌다. 차라리 금액이 100만 원, 200만 원쯤 된다면 질문을 던지는 게 쉽겠건만, 큰 금액도 아니고 마냥 적다고 넘길 금액도 아니라 더욱 애매했다. 메일을 보내려니 모든 게 구차하다는 생각이 들었다.

내 속에 들어앉아 있는 선비님 한 명이 조용히 질문을 던졌다.

"어떻게 해야 돈에 연연하지 않는 이미지를 고수하면서 자연스럽게 원고료 얘기를 꺼내지? 글 쓰는 사람이 돈 얘기를 거듭 꺼내기는 민망하지 않나?"

그때 어디선가 실용주의자 자아가 튀어나와 소리쳤다.

"아니야. 25만 원은 결코 적은 돈이 아니라고!"

간행물에 실린 글은 엄연히 내 정신노동의 산물이다. 며칠간 자료조사를 하고, 마감까지 맞추어 글쓰기 노동을 한 대가를 받아야 할 것 아닌가. 피해의식도 틈을 비집고 끼어들었다. 혹시 내가 초보 저자라 돈을 제때 주지 않는 거 아닌가? 내가 유명 저자라면 진즉에 원고료를 주지 않았을까?

돈. 직장에 다닐 때는 이 단어에 커다란 의미를 부여해본 적이 없었다. 20대 초반부터 월급이 꼬박꼬박 들어오는 직업에 종사했으니까. 어마어마한 연봉의 소유자는 아니었지만, 돈에 연연해 본 적은 없었다. 일단 내 소비 규모가 크지 않았고, 빚을 질 만큼 어딘가에 큰 투자를 한 적도 없었다. 월급을 받을 때의 나였다면, 25만 원이 입금되었는지 아닌지 그 여부조차 알아차리지 못했을 가능성이 크다.

그런데 휴직한 이후로 돈에 연연하기 시작했다. 고백하건대 해외 생활 이후 남편이 직장에서 받아오는 월급은 적지 않은 액수였다. 남편이 나에게 돈을 아껴 쓰라고 잔소리한 적도 없었다.

거의 집에서만 생활했기에 바깥에서 소비라는 걸 할 일도 거의 없었다. 그러나 휴직 기간이 길어지고 내가 벌어오던 수입이 끊긴 지 오래되자, '내가 번 돈'에 집착하는 마음이 자라나기 시작했다. 겉으로는 '나는 돈에 연연하지 않는다'며 자신감 넘치는 척 행동했다. 남편에게도 "나는 그렇게까지 돈이 급하지 않다"라고 태연한 척 말했다. 그러나 마음속은 달랐다. 25만 원 때문에 화를 내다 초조해하다 짜증까지 내고 있었다. 고민을 거듭하며 최대한 정중한 문체로 메일을 작성해 보냈다.

"죄송하지만 다시 한번 여쭤봅니다. 월말까지 입금해주신다고 말씀하셨는데, 원고료 25만 원이 입금되지 않아서요. 혹시 잊어버리셨을까 봐 확인차 메일을 보냅니다."

내용이 다소 구차해 보이는 것 같아 글 중간에 '제가 결코 돈이 급한 건 아니지만'이란 말을 덧붙일까 망설였지만, 굳이 그러지는 않았다. 며칠 후 답신이 왔다.

"죄송합니다. 작가님 계좌번호 자료를 총무부로 넘기는 걸 잊어버리고 있었네요."

간단명료한 답 메일에 안심도 되었지만, 한편으로는 허탈했다. 25만 원에 대해 끊임없이 고민하던 시간이 갑작스레 허무하게 느껴졌기 때문이다. 돈에 연연하지 않는 척해놓고 25만 원에 피해의식까지 발동했던 내 모습이 떠올라 얼굴이 화끈거렸다.

욕구와 이성 사이, 〈대부업자와 그의 아내〉

태연스러운 얼굴과 표정으로 지내다 마음 깊숙한 곳에 숨겨진 내 욕구의 민낯에 놀랄 때가 있다. 그때 떠오르는 그림이 있는데 바로 쿠엔틴 마시스(Quentin Matsys, 1466-1530)의 〈대부업자와 그의 아내〉라는 작품이다.

마시스는 유럽의 역사가 중세 말에서 근대로 이행하던 시기에 플랑드르 지역에서 활동하던 화가다. 플랑드르는 현재의 벨기에와 네덜란드에 걸쳐 있던 지역으로 중세부터 근대까지 상업과 무역이 번성했던 장소였다. 마시스는 장사를 위해 안트베르펜에 모인 다양한 인간 군상의 모습을 화폭에 담아냈다. 〈대부업자와 그의 아내〉는 마시스의 대표작 중 하나로 〈환전상과 그의 아내〉라고도 불린다.

그림 속에는 잘 차려입은 남성과 여성이 나란히 앉아 있다. 남성은 저울로 다양한 동전의 무게를 재는 중이다. 그의 아내로 보이는 옆자리 여성은 남편이 만지는 돈을 바라보고 있다. 여성의 손이 닿아 있는 것은 책인데, 자세히 들여다보면 기도서임을 알 수 있다. 한눈에 정확한 의미를 파악하기 어려운 그림. 두 남녀는 무엇을 하는 중일까.

마시스가 활동한 안트베르펜은 국제무역이 번성한 도시로, 유럽 각국에서 온 상인들에 의해 상업 거래가 활발하게 이루어지

쿠엔틴 마시스, 〈대부업자와 그의 아내〉, 1514

던 곳이었다. 그러나 문제가 있었다. 상인들이 각자 자국에서 통용되던 화폐를 들고 왔기에 거래의 불편이 존재했던 것이다. 이런 불편을 줄이고 활발한 상업 활동을 위해 등장한 직업이 환전상이다. 그들은 각 화폐의 가치를 재어 환전해주며 거래를 도왔다. 상인이나 일반인에게 돈을 빌려주고 이자를 받는 대부업도 겸했다.

당시는 초기 자본주의가 막 꽃을 피우기 시작하던 시기였다. 한편으로는 중세를 벗어난 지 얼마 되지 않는 시기이기도 했다. 즉, 돈 만지는 일을 부정적으로 보거나 극도로 조심해야 할 일로 취급하곤 했다. 여기엔 크리스트교의 교리가 큰 영향력을 미쳤다. 구약성경의 세 번째 책인 『레위기』에는 "너는 그에게 이자를 위하여 돈을 꾸어주지 말고 이익을 위하여 네 양식을 꾸어주지 말라"는 구절이 있다. 종교적 가르침에 따라 예로부터 유럽 사회에는 돈을 빌려주고 이자를 받으며 재산을 축적하는 행위를 금기시하는 분위기가 있었다.

이러한 이유로 중세 말에는 대부업자 역시 멸시받던 직업 중 하나였다. 통일된 화폐가 없는 시대, 환전상과 대부업자가 반드시 필요한 직군이었음에도 크리스트교인들은 종교적 이유로 대부업에 종사하기를 꺼렸다. 결국 유럽 사회의 이방인으로 직업 선택의 제한을 받던 유대인들이 이러한 일을 주로 맡았다(셰익스피어의 희극 『베니스의 상인』 속 고리대금업자 샤일록 역시 이러한 시대 상황을 반영한 캐릭터라 할 수 있다). 마시스가 대부업자나 세금 징수

쿠엔틴 마시스, 〈대부업자〉, 1520

쿠엔틴 마시스, 〈세금 징수업자〉,1525-1530

업자를 그린 작품들을 보면 대체로 인물을 탐욕스러운 이미지로 그린 경우가 많다. 돈을 만지는 직업에 대해 당시의 사람들이 가지고 있던 고정관념을 보여준다.

16세기에 들어와 무역과 상업의 번성으로 대부업과 금융업이 자연스럽게 발달했으나, 사람들은 종교적 가르침을 잊지 않았다. 마시스 역시 도덕적 메시지를 전하는 상징을 그림 곳곳에 숨겨놓았다. 가령 앞서 설명했던 〈대부업자와 그의 아내〉 속 테이블에는 볼록거울이 놓여 있다. 자세히 살펴보면 거울 속에는 십자가 형태의 창문과 교회의 종탑이 비추어지고 있는 상태다. 종교적 가르침을 잊지 말라는 의미가 숨어 있다.

대부업자와 아내의 뒤쪽 선반에 위치한 오렌지는 성경 속 사과처럼 인간의 원죄를 의미한다. 아내 뒤로 살짝 보이는 꺼진 양초 역시 인간의 죽음을 의미하는데, 죽음 앞에서 인간의 욕망은 대체로 부질없는 것으로 여겨지기 때문이다. 대부업자가 들고 있는 천칭 저울은 믿음과 공정함을 나타낸다. 돈을 만지는 일에 있어서 탐욕에 치우치지 않고 공정해야 한다는 교훈을 건네는 장치다.

작품은 흥미로운 생각거리를 던져주기도 한다. 그림 속에서 대부업자의 아내의 시선과 기도서를 만지는 손을 동시에 들여다보자. 기도서를 넘기는 손동작은 종교의 가르침을 잊지 않으려는 이성을 의미한다. 반면 돈을 바라보는 시선은 그녀의 욕망과 본능을 드러낸다. 앞서 말했듯 작품은 근본적으로 '탐욕을 경계하라'는 교훈을 담고 있다. 그러나 눈과 손이 상반된 곳을 향한 여성의 모습은 어딘지 모르게 익숙함을 풍긴다. 욕구와 이성이 다른 방향을 향하는 모습, 어쩌면 그녀의 모습을 통해 욕구의 민낯을 숨기는 우리 자신을 볼 수 있기 때문이 아닐까.

욕구와 이성이 다른 곳을 향할 때

〈대부업자와 그의 아내〉는 질문을 던진다. 마음속 욕구와 이를 경계하는 이성 사이에 간극이 있을 때 어떻게 행동해야 할 것인가. 더불어 돈이나 물질 등 세속적인 가치를 대하는 인간의 이중적인 시선과 태도에 대한 물음을 건네기도 한다.

되짚어보면 내가 돈에 가장 연연했던 시기는 "돈에 연연하지 않는다"며 소리 지르던 때였다. 그깟 25만 원에 연연하지 않는다고 생각했지만, 그 돈에 온갖 의미를 부여하며 화를 내고 있었다. 한 인간이 특정한 욕구에 진정으로 연연하지 않는다면, 대개 그 대상을 언급조차 하지 않는다. 다른 생각에 몰두해 있거나 관심이 없다면, 그것을 떠올릴 필요가 없기 때문이다.

문제는 이성과 욕구가 서로 다른 방향을 가리킬 때 생긴다. 과도한 탐욕이 부작용을 부른다는 사실을 아는 인간은 이성이나 도덕으로 이를 제어하려 한다. 돈이나 물질적 가치, 남들이 언급하는 세속적인 것에 연연하지 않으려 노력을 기울이기도 한다. 어차피 욕구를 채울 수 없을 것 같아 초연한 척 자기 합리화를 할 때도 있다.

돈이라는 대상 외에도 다양한 가치를 향한 욕구가 존재한다. 예를 들어 나는 어릴 때 스스로를 '외모에 연연하지 않는 인간'으로 규정지으며 지냈다. 되돌아보니 내 머릿속에 외모에 대한 열등감이 존재했던 것 같다. 대학 시절까지만 해도 외모를 꾸밀 만한 마음의 여유가 없었다. 다른 이들이 중요하게 여기는 세속적인 가치에 흔들리지 않는 인간이라 자부하며, 외모에만 관심 있는 이들을 '속물'이라 취급하던 시기도 있었다. 그러나 성인이 된 후 살펴보니 내 마음 깊숙한 곳에, 어떤 방향으로든 다른 이들과 크게 다르지 않은 욕구가 잠재해 있었다.

주변인들의 경우도 비슷했다. 가령 성공하고픈 욕구, 돈을 많이 벌고 싶은 욕구가 낮은 이들은 그것에 대해 언급조차 않는 경우가 많았다. 가장 부자연스럽게 보이는 이들은 "나는 성공과 돈에 연연하는 사람들이 이상해 보이고 이해가 안 가. 나는 그런 가치에 흔들리지 않거든. 절대로!"라고 거듭 외치는 이들이었다. 욕구가 좌절될 경우의 실망감을 느끼고 싶지 않기 때문에 한 발짝 물러나는 것일 수도 있다. 남들에게 초연해 보이고 싶은 마음도 자리하고 있을 것이다. 나도 예외는 아니었다.

과도한 탐욕이 위험한 건 사실이다. 그러나 마음속은 초연하지 않은데 욕구가 없는 척 내리누르기만 하는 태도 역시 부작용을 부른다. '모든 욕구로부터 완벽하게 떨어져 있고, 어떤 가치에도 연연하지 않는 나'를 이상향으로 추구하다 보면 마음이 더 괴로워지는 순간이 온다. 생각해보자. 이성이 존재하는 만큼 욕구가 존재하는 일도 자연스러운 현상이다. 자신의 자연스러운 욕망을 인정해야 되려 마음이 자유롭고 편안해진다.

나는 여전히 남들에게 태연하고 점잖은 이미지로 보이고 싶어 하는 인간이다. 그럼에도 태도를 살짝 바꾸기로 마음먹었다. 25만 원에 연연하는 자신을 인정하기로 했다. '초연한 척, 괜찮은 척'을 어느 정도 줄이니 마음의 평안도 찾아왔다. 자연스러운 본능과 욕구의 영역을 적당히 인정하는 것. 그것이 마음의 편안함을 도모하는 길인지도 모른다.

괜찮지 않아도 괜찮아요

&

"나 사실 코로나 이후로 마음이 많이 우울해. 혼자서 자주 울어."

누군가가 단톡방에 자신의 마음을 툭 던졌다. 10년 넘게 알고 지낸 지인들과의 대화 공간이었다. 지난 세월 우리는 직장이나 가정생활의 애환을 블랙코미디로 승화시키는, 반농담식의 대화를 주로 나누어왔다. 가식 없는 대화를 나누는 사이임에는 분명하지만 웃음기를 거두고 마음속 우울감이나 괴로움을 진지하게 털어놓은 적은 거의 없었다. 그래서 지인의 고백에 내심 놀랐다.

한 사람의 조용한 고백이 시작되자, 마음속 힘겨움을 털어놓는 고해성사가 줄줄이 이어졌다. 서너 명이 우울감에 시달리고 있음을 털어놓았다. 나도 이 고백의 행렬에 동참할까 잠시 고민했다. 마음속 우울감으로 치면 당시의 나 역시 어디 가서 뒤처지지 않을 상태였으니까. 그럼에도 불구하고 입을 떼지 못했다. 이미 대다수가 힘들어 보이는데, 내 우울한 마음까지 털어놓으면 모두의 힘든 마음을 더 어둡게 만들 것 같았기 때문이다(그 당시 나는 해외 생활이라는 특수 상황에 처해 있기도 했다).

결국 다른 이들에게 "다들 많이 힘들겠네"라는 위로의 말을 전하는 것으로 대화를 마무리했다. 아무 말도 못 한 내가 스스로도 이상했다. 단톡방의 지인들은 다정한 사람들이었다. 마음속 고민을 털어놓으면 경청해줄 이들이었다. 그런데도 나는 왜 마음이 힘겹다고 털어놓지 못했을까.

문득 "외로워도 슬퍼도 나는 안 울어"라는 노래 가사가 떠올랐다. 주제가 속 가사처럼 TV 만화 속 캔디는 전혀 괜찮지 않은 상황에서도 괜찮은 척, 씩씩한 척하며 겉으로 웃는 인간형의 대명사다. 어릴 때부터 '캔디형 인간'이 되어야 주변 사람들로부터 사랑받지 않을까 생각해왔다. '외로워도 슬퍼도 울지 않는' 사람이 되는 것에 목표를 두었다. 그러다 어느 순간 캔디 흉내를 내는 데 지쳐 나가떨어졌다. 전혀 괜찮지 않은 상황에서 씩씩한 척하는 스스로가 가식적으로 느껴졌다. 상대방의 기분을 배려해서 괜찮다고 생각해온 건 아니었을까? 내 밑바닥을 들키고 싶지 않은 욕심, 그럴듯하고 괜찮은 면만 보여주고픈 욕심이 마음 한구석에 있었던 건 아닌지 의심스러웠다.

애수에 잠긴 무대 위 광대, 〈피에로 질〉

마음속 진심을 털어놓지 못하는 나를 보면 생각나는 작품이 있다. 슬픔을 숨기고 애처로운 웃음을 보이는 인물이 서 있는 그림, 로코코 시대 프랑스에서 활동하던 장 앙투안 바토(Jean-Antoine Watteau, 1684-1721)라는 화가가 그린 작품이다.

바토는 프랑스에 점령당했던 플랑드르 지역의 발랑시엔에서 지붕 기와 기술자의 아들로 태어났다. 어릴 때부터 광장에서 엉터리 약을 파는 약장수들을 보며 스케치하는 걸 즐겼던 그는 열여덟 살 때 파리로 향한다. 바토는 파리에서 지내던 중 오페라 장면이나 신화의 목신 등 무대배경을 그리던 클로드 질로(Claude Gillot)를 스승으로 만나게 된다. 당시 질로는 이탈리아의 희극이자 유랑극인 '코메디아 델라르테'(Commedia dell'arte, 오페라에서 쫓겨난 배우들이 장터를 돌아다니며 공연하던 희극으로, 각본은 있지만 배우들의 대사와 즉흥 연기로 진행되는 공연이었다)를 주제로 그림을 그렸는데, 바토 역시 스승의 영향을 받아 꾸준히 무대 안팎에 있는 배우들의 모습을 그리기 시작한다.

이후 바토는 파리의 뤽상부르 궁전의 미술관 작업실에 들어가 일하며 페테르 파울 루벤스(Peter Paul Rubens)의 작품을 연구한다. 프랑스 왕립 아카데미의 회화 전공생으로 그림을 그리기도 했고, 잠시 고향 발랑시엔에 돌아가 활동하기도 했다. 1710년, 파

장 앙투안 바토, 〈이탈리안 희극〉, 1716

장 앙투안 바토, 〈키테라 섬으로의 순례〉, 1717

리에 돌아온 바토는《키테라 섬으로의 항해》연작 세 편을 발표한다.

그중 하나인 〈키테라 섬으로의 순례〉라는 작품에는 사랑의 섬을 순례하는 전원 속 화사한 남녀의 모습이 보인다. 키테라 섬은 사랑의 여신인 비너스의 신전이 존재한다는 낙원의 섬이다. 한 희극에 "우리와 함께 키테라 섬으로 순례를 떠납시다"라는 구절이 있는데 바토는 이 문구에서 모티브를 얻어 그림을 그렸다고 한다. 이 작품은 18세기 유럽에서 유행했던 로코코 회화의 시작을 알렸다는 점에서 중요한 의미를 지닌다. 이전까지 인기를 끌던 극적이고 웅장한 분위기의 바로크 양식과 달리 바토의 작품 이후 섬세하고 화사한 색채, 밝고 우아한 분위기를 지닌 로코코 양식이 인기를 끌게 되었다. 18세기 유럽의 귀족 계층과 귀족들의 문화를 흉내 내고자 했던 중산층 부르주아의 취향을 반영하는 흐름이었다.

《키테라 섬으로의 항해》연작 이후 바토의 작품은 많은 주목을 받게 된다. 그렇게 행복의 시대가 열리는 듯했으나 안타깝게도 몸이 약했던 바토는 결핵에 걸려 37세의 나이로 숨을 거둔다. 건강이 나빠진 말년으로 갈수록 화가는 서정적인 분위기의 작품을 그렸는데, 그 대표작으로 꼽히는 것이 무대 위 광대를 그린 초상화 〈피에로 질〉이다.

그림 속에는 광대인 질이 서 있다. 질은 희극 '코메디아 델라르테'의 중간에 관객들에게 웃음을 선사하는 막간 배우를 일컫는

장 앙투안 바토, 〈피에로 질〉, 1718-1720

다. 작품 속 질은 화사하게 빛나는 흰색 옷을 입고 있다. 팔꿈치 부분의 잔뜩 주름진 소매와 바지의 넓은 품을 통해 이 복장이 질에게 매우 크고 펑퍼짐한 것임을 알 수 있다. 광대의 뺨 부분은 무대 분장을 한 것인지 홍조를 띠고 있다.

지금 그가 막간 배우로 활약하는 무대는 사람이 당나귀로 변하는 내용의 「다나에」라는 연극이다. 무대 뒤편에는 화려한 색깔로 이루어진 의상을 입고 웃음을 띤 채 대화를 나누는 이들이 있다. 이들의 관심사는 주로 무대의 주요 소품인 당나귀에 쏠려 있고, 질에게 관심을 두고 있는 사람은 아무도 없다. 배우에게는 다소 냉정한 광경이다.

사실 그림 감상자의 시선을 끄는 건 질의 우스꽝스러운 복장이나 무대 뒤의 사람들이 아니다. 그림 속 상황과 대조되는 질의 표정에 시선이 닿는다. 그림 속 광대의 표정은 슬픔과 애수의 빛을 띠고 있다. 눈은 초점 없이 흐릿하며, 홍조를 띤 분장과는 대조적으로 입술은 굳어 있다. 밝은 연기를 해야 하지만 내면에 슬픔을 담은 피에로의 비애, 그의 민낯을 엿볼 수 있다. 의무를 수행해야 하는 처지에 놓여 있으나 광대는 마음속 깊은 곳에 우수를 담은 채 무대 위에 서 있다.

괜찮지 않은 상태,
드러내도 괜찮을까

관람자들은 바토의 〈피에로 질〉을 보며 광대에게 애처로운 마음을 품게 된다. 한편으로 질의 모습에 깊은 공감을 느끼기도 한다. 우스꽝스럽고 펑퍼짐한 복장 속, 우수의 표정을 띤 질을 다시 한 번 살펴보자. 여유로운 태도와 자신감을 드러낸 채 생활하지만, 내면 깊은 곳에 슬픔이나 우울, 괴로움을 어느 정도 숨기며 살아가는 현대인의 모습이 떠오른다. 어떤 의미에서 우리는 질의 모습을 조금씩 닮아 있는 것 아닐까.

우리는 어째서 내면의 슬픔을 숨긴 채 살아갈까? 다양한 이유가 존재할 것이다. 상대에게 우울을 전파하는 것이 두려워서, 내 민낯을 드러냈다가 누군가에게 동정받는 처지가 되는 것이 싫어서, 또는 괜찮지 않은 내 모습을 드러내면 사람들에게 버림받을까 두려운 마음도 밑바닥에 깔려 있다. 그 자체가 가식이라고 볼 수는 없다. 인생의 갖가지 의무를 지고 타인과 어울리며 살아가는 한, 민낯을 전부 드러내며 지낼 수 있는 사람은 없다.

그러나 힘겨운 마음을 숨기기 힘든 때가 온다. 괜찮지 않은 순간을 맞이할 때 나는 주로 스스로를 다잡기 위한 말을 되새기는 편이었다. '이까짓 거 참아낼 수 있어. 주변 사람들에게 민폐 끼치지 말자.' 그러나 태연하고 씩씩한 태도를 연기하는 것에도 이따금 한계가 왔다.

우연히 「오은영의 금쪽 상담소」라는 예능 프로그램을 보았다. 육아계의 신이라 불리는 오은영 박사가 연예인들의 고민에 조언을 건네는 방송이었다. 한 출연자가 자신은 부정적인 감정을 되도록 숨기고 살아가는 편이라고 말했다. 자신의 감정을 숨기고 참아도, 이를 통해 다른 사람들이 행복해하면 보람을 느낀다는 말을 덧붙였다. 그의 고백을 들은 오은영 박사는 행복이나 설렘, 기쁨 등 긍정적 감정뿐 아니라 슬픔, 괴로움, 억울함 등의 부정적 감정 역시 나쁜 것이 아니라고 답했다. 자연스러운 감정을 수치스럽게 여기지 않고 드러낼 줄 알아야 한다는 말을 전했다.

조언 중 인상적인 내용이 있었다. 배려심 많고 책임감 넘치는 사람들은 대개 다른 사람의 감정에 부담을 더할까 봐 자신의 감정을 숨기는 경우가 많다는 것이다. 자신이 힘든 이야기를 하거나 누군가의 부탁을 거절하면, 다른 사람들이 불편해질까 봐 입을 다문다는 거다. 하지만 상대의 감정을 일일이 떠맡을 필요는 없다는 것이 조언의 요지였다.

되짚어보니 맞는 말이었다. 개인의 감정은 각자의 영역이다. 누군가가 나를 좋아하거나 싫어하는 마음, 내 이야기를 듣고 힘들어하거나 안도하는 것, 엄밀히 말하면 타인의 선택사항이다. '내가 이렇게 이야기하면 날 어떻게 볼까', '나 때문에 상대가 더 우울해지지 않을까' 식으로 반응에 대해 걱정해보아도 그건 내가 마음대로 할 수 있는 영역이 아니다. 불편한 감정을 참으며 배려만 계속하다 보면, 상대는 내 마음을 알아채지 못한 채 행동하게 된다. 상대를 배려하고자 했던 행동이 오히려 상대를 악역으로 만든다는 조언이 인상적이었다.

타인과 더불어 살아가는 한, 상대의 마음을 고려하는 자세가 필요하다. 끝도 없이 자신의 우울감이나 힘겨움만 표현하며 이기적으로 구는 사람을 상대하는 일은 버겁기 때문이다. 우리는 그런 이들을 보고 반면교사하며 내 마음속 힘든 점을 숨기려 한다. 그러나 평소 씩씩한 척하던 당신이라면, 걱정을 조금 덜어내도 괜찮다. 내 힘듦을 솔직히 털어놓을 때 도망가버리는 사람이라면, 어차피 오랜 인연은 아닐 것이다. 당신을 소중히 여기는 상대는 힘겨운 고백을 어떻게든 들어줄 가능성이 크다. 과도한 배려를 멈추고 그저 마음을 털어놓아야 할 때가 있다.

괜찮은 척, 씩씩한 척이 가식적인 태도는 아니다. 다만 부정적이고 불편한 마음에도 환풍구가 필요하다. 광대가 무대에서 내려와 우스꽝스러운 복장을 벗어던지고 행복의 홍조를 지우는 순간, 우리에게도 때때로 그런 순간이 필요하다. 타인의 반응과 생각을 지나치게 염려하는 건 오히려 독이 된다. 누군가에게는—현실적으로 어려우면 익명의 공간에라도—마음의 민낯을 보여주자. 괜찮지 않아도 괜찮다.

··· Chapter 3

적당한 거리가 관계를 아름답게 만든다

MBTI,
또 다른 편견의
시작

&

처음 만난 이에게 당신 MBTI가 무엇이냐는 질문을 들은 일이 있다. 검사를 하면 INFP가 나온다고 이야기하니 상대는 나에게 "이상적이고 낭만적인 유형인가 보네요. 저는 논리를 중요시하는 편인데, 선생님은 감정이 우선이겠어요" 식의 이야기를 끊임없이 던졌다. 당황스러운 대화 흐름에 묘한 기분이 들었다.

성격을 열여섯 가지 유형으로 분석해준다는 MBTI. 처음에는 나 역시 이 성격유형 검사를 흥미롭게 바라보았다. 내 성격이나 의사소통 방식, 적성 등을 파악할 수 있다는 데 거부할 이유가 없었다. 남편과 나의 성격 궁합을 살펴보거나 내 안에 잠재해 있는 사고방식이나 행동 패턴을 파악하는 건 흥미로운 일이었다.

그런데 어느 시점부터 이 검사에 과하게 몰입하는 현상이 불편해지기 시작했다. 특정 유형의 MBTI는 사회성이 떨어진다던가, 함께 일하기에 부적합하다는 식의 '낙인찍기' 글이 눈에 띄면서부터다. 유형 사이에 묘하게 우등과 열등을 나누고, 순위를 매기는 경우도 보였다. 급기야 몇몇 기업의 채용 담당자들이 MBTI를 활용해 지원 자격을 제한하거나 채용 당락을 결정한다는 이야기마저 들려왔다. 재미 삼아 하던 검사는 더 이상 가벼운 농담의 소재가 아니었다.

처음 만난 이에게 MBTI 검사 이야기를 들을 때 똑같은 감정이 들었다. 처음에는 재미로 하는 이야기를 불편해하는 내가 예민한 건가 싶었다. 그러나 되돌아보니 상대의 화법에 문제가 있었다. 초면임에도 불구하고 나를 어떤 '틀'에 넣어놓고 함부로 판단한 뒤, 그 말을 입 밖으로 옮긴 상대의 태도는 무례의 영역에 속하는 것이었다.

소년은 왜 도망칠까,
〈비평으로부터의 탈출〉

사람을 분류하는 세상의 갖가지 틀이 불편하게 느껴질 때, 특정 세계를 넘어서는 한 소년의 모습을 떠올려본다. 페레 보렐 델 카소(Pere Borrell del Caso, 1835-1910)라는 화가의 그림 속 인물이다.

델 카소는 스페인의 화가이자 삽화가 및 조각가다. 그는 19세기 트롱프뢰유(Trompe l'oeil)라는 기법의 대가였다. 트롱프뢰유는

새뮤얼 반 호흐스트라텐, 〈트롱프뢰유 기법으로 그려진 정물화〉, 1664

프랑스어로 '눈속임'을 뜻하는 말로, 이 장르의 회화는 '언뜻 보기에 현실로 착각하게 하는 효과를 가진 그림'을 의미한다. 주로 대상을 3차원 입체처럼 보이도록 착시현상을 유도하는 기법을 말한다(최근에 여러 곳에 세워져 있는 트릭아트 미술관 속 작품들을 보면 쉽게 이해할 수 있다). 델 카소 이전부터 오랜 세월 동안 화가들은 자신의 실력을 증명하기 위해 이 멋진 눈속임을 그림 기법으로 활용해왔다.

트롱프뢰유 기법을 즐겨 사용했던 델 카소는 명암이나 원근감, 가상 효과를 적절히 사용해 그림을 그렸고, 대중의 인기를 끌었다. 그러나 델 카소의 기법은 당시 미술 비평가들의 비판을 받기도 했다. 비평가들은 트롱프뢰유 기법을 '잔재주'나 '장난 같은 눈속임'으로 취급했다.

이러한 평가는 당대의 사회적 분위기와도 관련이 있다. 19세기 이후 사진술이 발달하면서, 현실을 재현하는 역할은 회화가 아닌 카메라 렌즈가 대체하기 시작했다. 실물을 있는 그대로 보여주는 기법보다는 그 화가만의 개성 있는 표현이나 사회 비판 정신이 담긴 작품을 높이 평가하는 분위기가 널리 퍼졌다. 이런 분위기 아래 델 카소의 그림 세계 역시 다양한 비판을 받았다. 비평가 집단이 쏟아내는 '눈속임을 위한 그림'이라는 혹평을 벗어나고 싶어 하던 화가는 고심 끝에 〈비평으로부터의 탈출〉이라는 작품을 내놓는다.

작품을 한번 살펴보자. 두 손으로 창틀을 잡은 소년이 보인다. 소년의 오른발은 창틀에 얹어진 채다. 그가 창밖으로 탈출을 시도 중임을 짐작할 수 있다. 흰자위가 반을 차지할 정도로 부릅뜬 눈. 소년의 다급한 마음을 드러낸다. 어깨를 반쯤 드러낼 만큼 벗겨진 옷에서는 소년의 절박함을 짐작할 수 있다.

작품을 자세히 들여다보면 놀라운 점이 보인다. 소년이 발을 딛고 서 있는 창틀은 실은 사각형 액자다. 액자를 창틀처럼 보이도록 착시효과를 일으키는 작품인 것이다. 덕분에 작품은 캔버스에서 인물이 튀어나오는 듯한 입체감을 선사한다.

틀 밖으로 탈출하는 소년의 모습은 무엇을 의미할까. 트롱프뢰유 기법의 대가인 화가의 자아를 나타낸다는 해석이 많다. 소

페레 보렐 델 카소, 〈비평으로부터의 탈출〉, 1874

년이 탈출을 감행하고 있는 창틀은 그를 둘러싼 혹독한 비평가들의 시선이라고 볼 수 있다. 창문틀을 넘어선 소년은 새롭게 펼쳐지는 창밖 풍경에 당황한 모습이지만, 그럼에도 불구하고 누구의 시선에도 얽매이지 않는 새로운 세계로 발을 내딛는다.

트롱프뢰유라는 장르에 대한 조소와 비판에도 불구하고 델카소는 자신의 장르를 고집스레 이어나갔다. 더불어 2D와 3D의 공간을 넘나들며 자신의 정체성과 장르의 정신을 구현해냈다. 결과적으로 이 작품은 트롱프뢰유 장르의 대표작이 되었다.

틀을 벗어나
상대를 바라보기

우리는 인간과 세상을 이해하기 위해 일정한 '틀'을 가지고 살아간다. 낯선 누군가를 만날 때도 마찬가지다. 나이, 성별, 출신 지역, 직업 등의 정보를 파악한 뒤, 특정한 틀을 대입해 상대를 판단한다. 어떤 사회집단의 구성원이 이러저러한 특성이나 태도, 성격을 가졌다고 믿는 사고방식, 고정관념은 인간관계에서 강력한 힘을 발휘한다.

사실 인간의 고정관념은 자연스러운 현상이다. 우리의 뇌는 복잡다단한 사회에서 수많은 것을 동시에 지각하고 인식한다. 특히 삶에서 마주치는 수많은 사람들에 대한 정보를 모두 처리하려면 뇌의 용량을 많이 사용하게 된다. 이때 집단의 특성에 따라 인간을 분류하는 '틀'을 만들고, 상대를 만났을 때 그 틀에 집어넣어 정보를 수집하고 판단하면 머릿속 지각과 인식 과정이 비교적 간략해진다.

되짚어보면 나 역시 고정관념의 틀을 버리지 못한 채 살아왔다. 누군가의 혈액형을 물어보며 그의 성격을 판단한 적이 있었다. 경상도 친구들은 대부분 무뚝뚝할 거라 지레짐작하거나(겪어보니 같은 지역 출신이라도 친구마다 그 특성이 달랐다) 수업 시간에 남학생과 여학생의 특성이 어떤 식으로 다른지 거듭해 이야기했다. 모든 아이들이 성별로 가름할 수 있는 특성을 지닌 게 아닌데도.

물론 상대가 속한 집단의 특성을 언급하는 건 가벼운 칭찬이나 대화거리로 끝날 수 있다. 그러나 선입견이나 부정적인 편견을 거듭 꺼내들며 말로 옮기는 경우, 그건 유머가 아니라 '무례'의 영역이 된다. 첫 만남에서 누군가의 성별, 출신 지역이나 직업, 성격유형을 토대로 "역시, 직업이 ○○이라더니 그래서 그런 성향을 보이시나 봐요?" 내지는 "MBTI가 ○○○○라더니, 역시 그런 행동을 보이시네요" 식의 말을 꺼내드는 건 타인을 이해하기보다 오해하는 길에 가깝다. MBTI에 과도하게 몰입하는 현상도 비슷한 결과를 이끌어낸다. 어느 새부터인가 이 성격유형 검사는 자신과 타인을 이해하는 데 쓰인다기보다는 틀을 만들어 사람을 분류하고, 타인에게 벽을 세우는 장치로 쓰이고 있는 듯하다.

부정적 편견이 지나쳐 상대의 마음에 상처를 입히는 경우도 있다. 얼마 전 본 TV 프로그램에 한 어머니가 출연했다. 첫째 아이를 갑작스럽게 하늘나라로 보낸 어머니였다. 그녀가 둘째 아이와 웃으며 걸어가는 모습을 보고 누군가 '그런 일'을 겪었는데 어떻게 웃으며 지내냐는 말을 했다고 한다. 씁쓸한 일화였다. 그 말을 한 이는 '불행한 사건을 겪은 사람은 항상 어떤 식의 표정을 짓고 다녀야 한다'는 생각을 가지고 있었을 것이다. 본인이 당연시하던 그 생각이 상대에게 상처를 남길 줄은 몰랐을 테지만.

고정관념을 완벽히 버리기는 힘들다. 특정한 틀에 사람을 넣고 판단하는 것은 인간의 본능에 가깝기 때문이다. 다만 고정관념이나 부정적 편견을 반복적으로 입 밖으로 꺼내는 일은 삼가는 게 좋지 않을까. 성급한 판단보다 차라리 상대를 알기 위해 구체적인 질문을 던지거나 개인이 가진 특성에 주목하는 편이 낫다. 가령 그 사람의 직업이나 출신 지역을 기준으로 상대를 단정 짓는 것보다 서로의 관심사를 넓히는 데 시간을 쓰는 편이 나에게도 도움이 된다.

그렇다면 반대로 상대가 나를 자꾸 '틀'에 집어넣고 함부로 판단하는 말을 하는 순간에는 어떻게 해야 할까? 사실 그 틀을 끊임없이 들먹이는 사람과는 굳이 대화를 이어가지 않는 편이 제일 낫다. 화제를 다른 방향으로 돌리는 수도 있다. 만약 나를 함부로 단정 짓는 말에 반박하고 싶다면 차라리 상대에게 질문을 해보는 것도 하나의 방법이다. "○○이라는 직업(기타 출신 지역 등)에 대해 생각하시는 이미지나 특성이 무엇인지, 제가 어떤 면에서 그렇게 보이는지 구체적으로 말씀해주시겠어요?"라고.

취향에 등급이 따로 있나요?

&

"야, 너는 만화책 좀 그만 읽어. 고등학교에서 사회를 가르친다는 애가 인문서나 사회과학서도 좀 읽어야지. 나이에 안 맞게 듣는 음악도 아이돌 노래가 뭐니?"

수년 전, 나에게 이 말을 던진 지인 C는 여러모로 아는 게 많은 이였다. 그는 인문서 아니면 사회과학서 위주의 독서를 했고, 다방면에서 풍부한 상식을 가지고 있었다. C와 대화를 나누면 자연스레 지식을 쌓는 것 같아 좋았다. 그러나 그는 내 독서 목록, 음악 취향 등을 다소 못마땅해했다. 이따금 그는 "자본주의 사회의 저급 문화를 무방비하게 즐기는 편협하고 얕은 안목을 지닌 대중"을 지적하기도 했는데, 그 말을 들을 때마다 움찔했다. 그가 비판하는 대중 속에 내가 있는 것 같았기 때문이다.

나로 말할 것 같으면 대여섯 살 때부터 TV를 하루 여섯 시간씩 시청하며 자라온 사람이었다(부모님이 가게 일로 바쁘셨으니 별 수 없었다). 공중파 방송이 애국가로 끝날 때까지 각종 만화, 드라마와 음악 프로그램을 두루 섭렵하며 지냈다. 책을 꽤 좋아하는 편이었지만 '서울대 추천 도서' 같은 것은 이상하게도 읽고 싶지 않았다. 주로 애거사 크리스티(Agatha Christie)의 추리소설 전집 80여 편과 만화책을 읽는 데 독서 시간을 할애했다. 음악 취향도 지극히 대중적이다. 주로 유튜브에서 '최신 아이돌 음악'을, 음원 사이트에서 'TOP 100'을 재생해 듣는다. 현재는 막장 드라마 짤방을 보는 것이 삶의 낙이다.

어릴 때는 비슷한 취향을 가진 사람이 많았기에 이를 지적하거나 걸고넘어지는 사람이 없었다. 그러나 나이를 먹어가며 내 취향은 주변인들에게 좀처럼 이해받지 못하는 것이 되었다. 아이돌 음악을 듣고 있으면 "나이가 몇인데 그런 음악을 들어. 철없어 보인다"는 말을 들었고, 막장 드라마를 보고 있으면 "전형적인 아줌마 취향"이라며 혀를 끌끌 차는 잔소리도 들었다. 한번은 "인생은 언제나 예측 불허, 그리하여 생은 의미를 갖는다"는 말을 인생 명언으로 던졌다가 만화 속 대사를 읊조렸다는 이유로 비웃음을 당하기도 했다(신일숙 작가의 『아르미안의 네 딸들』에 나오는 대사다).

종종 '취향 후려치기'를 당하면서 억울함도 느꼈지만, 딱히 반박을 하지는 못했다. C한테는 더욱 그랬다. C가 똑똑하고 아는 게 많다는 것도, 내가 그 반대 지점에 서 있다는 것도 사실이었으니까. 깊이 있는 지식을 제대로 쌓지 못한 내가 가끔 창피하게 느껴졌다. '지식이 풍부하고 교양 있는 사람들'에 대한 환상도 존재했다. 고백하건대 출판사와 미팅할 때도 이런 환상 때문에 쭈구리 마인드가 발동한다. '출판사 관계자 = 책 많이 읽는 사람 = 교양인(!)'이라는 등식이 머릿속에 박혀 있어서 나는 대체로 출판사 미팅 때 약간 위축된 상태로 가만히 있는 편이다.

같은 이유로 C가 취향을 바꾸라고 조언할 때에도 그럭저럭 수긍했다. '아는 거 많고 똑똑한 애니 재 말이 맞겠지' 싶었고 'C는 인문서와 사회과학서를 통해 엄청난 통찰을 얻었을 테니 반론 따위는 내놓지 말고 가만히 있어야겠다'라는 생각도 했다. 그저 한없이 가벼운 내 취향을 부끄럽게 여겼을 뿐이다.

예술이라는 분야에 물음표를 던지다, 마르셀 뒤샹

개인의 취향을 등급으로 나누는 이들을 마주할 때마다 예술계에 새로운 물음표를 던졌던 인물을 떠올린다. 〈샘〉이라는 작품을 창조한 예술가 마르셀 뒤샹(Marcel Duchamp, 1887-1968)이다.

뒤샹은 프랑스의 작은 마을인 블랭빌에서 공증인의 막내아들로 태어났다. 그의 집안에는 이미 예술가인 형제들이 있었다. 첫째 형은 화가였고 둘째 형 역시 조각가였다. 원래 도서관 사서를 희망하던 뒤샹은 파리의 쥘리앙 아카데미에서 미술 수업을 받

마르셀 뒤샹, 〈자전거 바퀴〉, 1913

으며 예술가의 길을 걷기 시작한다. 새로움을 추구하던 청년은 1913년에 놀라운 작품, 〈자전거 바퀴〉를 발표한다. 등받이가 없는 원형 의자 위에 자전거 바퀴를 올려놓은 작품이었다. 작품에 사용된 자전거 바퀴나 의자는 그가 새롭게 제작한 것이 아니었다. 뒤샹은 이미 만들어져 있는 상품들을 결합하여 새로운 예술품을 창조했다. 이전에는 존재하지 않던 창작 방식이었다.

그리고 1917년, 그의 가장 유명한 작품 〈샘〉이 탄생한다. 미국으로 건너간 뒤샹은 독립미술가협회의 전시회에 이 작품을 내놓았다. 6달러만 내면 누구나 자신의 작품을 선보일 수 있는 전시

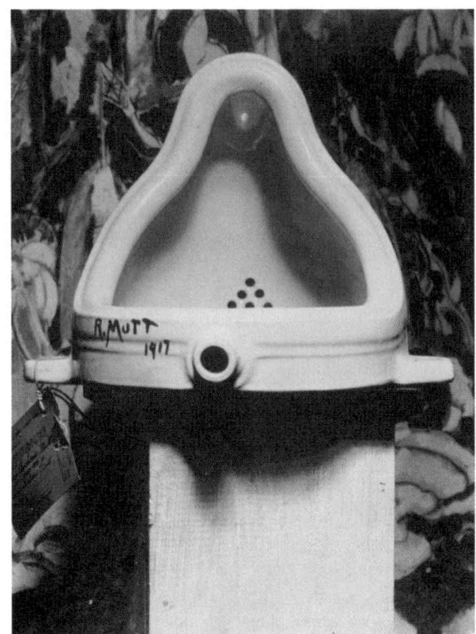

마르셀 뒤샹, 〈샘〉, 1917

회였다.

작품의 정체는 '변기'였다. 뒤샹은 동네 철물점에 가서 자기로 만들어진 남성용 변기를 샀다. 그 후 변기에 'R. MUTT 1917'이라고 서명한 후 자신의 창조물을 출품했다(R. 머트는 이 변기를 만든 욕실용품 제조업자의 이름이라고 한다). 흰색 남성용 변기를 본 사람들은 경악했고, 주최 측은 전시를 거절했다. 이후 뒤샹은 「블라인드 맨」이라는 잡지에 R. 머트라는 작가를 옹호하는 척하며 〈샘〉에 대한 글을 싣는다.

> 변기가 부도덕하지 않듯, 머트 씨의 작품 〈샘〉은 부도덕한 작품이 아니다. 배관 수리 상점의 진열장에서 매일 보는 제품일 뿐이다. 머트 씨가 그것을 직접 만들었는지 아닌지는 중요하지 않다. 그는 그것을 선택하였다. 일상의 평범한 사물이 실용적인 특성을 버리고 새로운 목적과 시각에 의해 오브제에 대한 새로운 생각으로 창조된 것이다.

〈샘〉은 변기임에 분명했지만, 단순한 변기가 아니었다. 예술가가 선택하여 이름을 붙인, 새로운 가치를 지닌 예술 작품이었다. 뒤샹은 무엇을 새롭게 그리거나 만들어야 예술이라는 고정관념에서 벗어나 이미 만들어진 것에서 새로운 아름다움을 발견해냈다. 변기가 만들어낸 매끈하고 우아한 곡선은 그 자체로 예술 작품이 될 수 있었다.

이런 방식으로 뒤샹은 그다지 관련 없어 보이는 둘 이상의 사물을 결합하거나, 일상적으로 볼 수 있는 사물에 새로운 의미를 부여하며 전에 없던 예술 분야를 열었다. 흔히 볼 수 있는 기성품이라는 단어에 착안하여 이 새로운 예술 분야에 레디메이드(Ready-made)라는 이름이 붙었다.

뒤샹의 새로운 시도는 예술사에서 어떤 의미를 가질까. 당시 사회의 주도 세력인 부르주아 계층은 전통적이고 일관된 방식으로 예술 작품을 해석하며 그들의 취향을 드러내고 있었다. 그러나 뒤샹은 예술이나 유명 작품을 해석하고 창조하는 기존의 방식에 변화를 불러일으켰다. 일상적인 상품에 새로운 의미를 부여하며 이를 예술의 영역으로 끌어들인 것이다. 그의 레디메이드 작품을 본 감상자들은 다양한 질문을 떠올리게 된다. 이걸 예술이라고 부를 수 있을까? 예술이란 대체 뭘까? 예술가란 작품을 제작하는 사람일까, 작품에 새로운 의미를 불어넣는 사람일까?

〈샘〉을 비롯한 레디메이드 작품들은 이제까지 모든 이들이 당연하게 '그렇구나. 저게 바로 예술이지!'라고 생각하던 것들에 의문을 던졌다. 그의 작업 이후 예술가의 손재주를 벗어나 창조적 아이디어와 발상에 주목하는 흐름이 생겼다. 모두가 당연하게 여기던 예술의 고정관념에 물음표를 던진 것, 뒤샹이 현대미술에 남긴 가장 중요한 업적이라 할 수 있지 않을까.

취향에 대한 고정관념에서 벗어나기

뒤샹의 작품을 보면 아무 생각 없이 무언가를 수용하고 감탄하는 느낌표(!)보다 비판적인 사고 끝에 던지는 물음표(?)가 얼마나 중요한지 깨닫게 된다. 의외로 많은 이들이 세상의 주류라 여겨지는 사고방식이나 지적 권위를 지닌 사람들의 논리를 별다른 비판 없이 받아들인다. 개인의 취향이라는 사적인 영역에서도 비슷한 상황은 반복된다.

우리 사회에는 '특정 나이대에 걸맞은 취향'에 대한 고정관념이 존재하는 듯하다. 10대, 20대, 30대 등 나이에 따라 어떤 음악을 좋아해야 하고, 갈수록 성숙하고 진중하다고 여겨지는 것들을 추구해야 한다는 사고방식이 있다. 나이 듦은 반드시 '성숙'과 '진중함'을 동반해야 한다는 고정관념, 특정 연령대는 특정 문화를 좋아해야 정상이라는 편견은 정당한 사고방식일까?

취향을 '좋음-싫음'의 영역이 아니라 획일화된 등급이나 잣대 안에 가두어버리는 경우도 많다. 클래식 음악, 고전이나 인문서 등을 '고급문화'나 '진정한 예술 분야'로 취급하고, 대중음악이나 에세이 등을 하위문화로 취급하는 이들을 가끔 만난다. 자신의 심미안을 뽐내기 위해 타인의 취향을 '수준 낮은 것'으로 후려치는 이들도 있다.

되돌아보니 C의 조언 역시 이러한 편견에서 비롯된 것이었다. 고전을 사랑한 그의 취향은 훌륭하고 좋은 것이다. 그러나 고전을 통해 배운 통찰력을 타인의 삶을 이해하는 데 쓰지 않고, 상대가 원하지 않는 조언을 날리거나 자신의 우월감을 뽐내는 데 쓰는 점은 아쉽다.

아이돌의 음악에서 철학을 읽는 사람도 있고 만화 속 명언에서 인생의 진리를 깨닫는 사람도 존재한다. 고전의 가치도 후일 어떤 방식으로 해석되고 새롭게 변화할지 모르는 일이다. '어떤 문화를 사랑하느냐', '어떤 책을 얼마나 많이 읽느냐'가 중요한 것이 아니다. '문화를 어떤 방식으로 생각하고 수용하느냐', '비판적으로 사유하며 책의 내용을 내 것으로 읽어낼 수 있느냐'가 중요한 문제 아닐까?

사실 C보다 더 내 취향을 부끄러워한 것은 나 자신이었다는 사실도 깨달았다. C의 말에 반박하지 못한 것은 모두 '스스로에 대한 부끄러움'에서 비롯된 것이었다. 나이나 등급 등 일관적인 잣대를 들이대며 취향을 '고급'과 '저급'으로 나누는 사고방식이 내 무의식 안에도 숨어 있었던 것이다.

이 사실을 깨닫고 나니 마음속에 자리 잡은 부끄러움이 줄었다. 대화를 나누다 모르는 부분이 있을 땐 '앞으로 책을 더 많이 읽고 배우면 되지'라는 생각으로 충분했다. 무언가를 잘 모른다고 부끄러워하고 반성할 필요까진 없었던 것이다. 이제는 지식이 풍부하고 교양 있어 보이는 인물의 논리나 취향이라 해서 이를 무조건 수용하지는 않는다. 그의 의견이 나라는 인간에게도 타당한지 한 번 더 생각해본다.

내 취향과 저 사람 취향은 다르려니 생각할 때도 있다. 오랫동안 사랑받아온 고전이나 예술 작품이라 할지라도 별생각 없이 받아들이지 않고, 물음표를 던지며 생각해본다. 좀처럼 변하지 않는 내 취향도 더 이상 창피해하지 않고 그냥 받아들이기로 했다. 누군가에게 폐를 끼치지만 않는다면—특정 취향이 범죄와 관련되어 있거나 타인의 인권을 침해하는 경우를 제외한다면—무엇인가를 좋아하는 게 잘못된 건 아니니까.

내 취향을 저급한 것으로 내려다보거나 나이에 맞게 바꾸라고 조언하는 사람을 만났을 때, 예전만큼 한껏 쪼그라들지는 않는다(아주 약간 쪼그라든다). 대신 속으로 '응 그래. 네 취향은 네 취향, 내 취향은 내 취향'이라 생각한다. 그리고 그에게 교양 있고 점잖게 말해본다.

"저기, 제 취향 좀 존중해주시겠어요?"

완벽한 인간관계에 대한 환상

&

십 년 전 그날, 다툼의 원인은 작은 쓰레기통이었다. 결혼 준비에 한창이던 시기였다. 신혼살림을 사기 위해 남편과 마트에 들른 나는 조그만 쓰레기통을 신중하게 고르고 있었다. 이 조그만 살림살이가 화장실과 안방 중 어디에 필요할지, 남편을 바라보며 질문을 던졌다. 한동안 쓰레기통을 노려보던 그는 귀찮은 말투로 말했다.

"네가 알아서 해. 뭐 그런 쓸데없는 걸 가지고 고민해."

남편은 30분 넘게 이어진 쇼핑으로 잔뜩 지쳐 있는 상태였다. 하지만 나 역시 빡빡한 일정으로 잔뜩 예민해진 상태였기에 쓰레기통을 카트에 던지듯 쑤셔 넣으며 서운함을 한가득 표현했다. 그날의 다툼이 '쇼핑에 대한 서로의 인내심 차이' 때문에 벌어졌다고, 지금의 나는 관대하게 말할 수 있다. 그러나 당시의 나는 그다지 너그러운 마음 상태가 아니었다. 서운함과 함께 실망감, 불안감까지 올라왔다.

결혼 후 신혼 시절에는 주로 좋아하는 TV 프로그램 때문에 다퉜다. 서사와 맥락이 있는 콘텐츠를 좋아하는 나와 달리, 남편은 일로 복잡해진 머리를 식혀줄 프로그램을 선호했다. 상대의 취향에 실망한 우리는 서로에게 말했다.

"저런 프로그램을 보다니. 네 취향 참 특이하다."

"내가 좋아하는 걸 너도 좀 좋아해보려고 노력해봐. 이런 걸 지루해하다니 믿을 수 없다."

모든 일을 확대 해석하기 좋아하는 나는 우리의 차이를 자못 심각하게 받아들였다. '선호하는 TV 프로그램조차 이렇게 다르다니. 이건 우리가 심각하게 맞지 않는다는 증거 아닐까?'

되짚어보면 나는 오래전부터 연인이나 부부 관계에 대한 환상을 품고 있었다. 이른바 '소울메이트'라는 환상. 가끔은 가족이나 친구들에게 환상을 품기도 했다. 가족은 같은 공간과 시간 속에서 지내왔으니, 상황이나 사건에 대한 해석이 비슷할 거라 여겼다. 그러나 아무리 가까운 사이라도 취향이나 견해에 미묘한 차이가 있었다. 어긋나는 부분이 느껴질 때마다 서글프고 서운한 마음이 들었다.

인간관계의 적정한 거리는 얼마만큼일까, 귀스타브 카유보트의 〈오르막길〉

귀스타브 카유보트(Gustave Caillebotte, 1848-1894)는 프랑스의 부유한 군수물자 사업가 집안에서 재판장이었던 마르시알 카유보트(Martial Caillebotte)의 아들로 태어났다. 25세에 이미 아버지에게 많은 유산을 상속받아 평생 여유로운 삶을 누릴 수 있었다.

카유보트는 그림 공부를 시작한 후 당시 활발하게 활동하던 인상파 화가들과 교류할 기회를 얻는다. 자신의 작품 세계를 펼치는 한편, 르누아르, 카미유 피사로(Camille Pissarro), 폴 세잔(Paul Cézanne) 같은 인상파 화가들의 작품을 수십 점 구입하며 그들을 경제적으로 돕는다.

그가 살았던 19세기 파리는 조르주 외젠 오스만(Georges Eugéne Haussmann) 남작이 실시한 정비 사업으로 새롭게 태어난 도시였다. 산업혁명 이후 농촌 인구가 도시로 몰려들면서 지저분한 위생 상태와 범죄 문제로 골머리를 앓던 파리를 개조하기 위해 이루어진 사업이었다. 꼬불꼬불한 골목은 방사형 대로와 직선 도로로 바뀌었다(사실 이러한 거리 정비에는 시위대 진압을 위한 정치적 목적도 존재했다). 하수시설의 정비와 아파트 공급, 공원 조성 등으로 파리는 세련되고 화려한 도시로 변모했다. 카유보트는 치밀한 화면 구성과 독특한 구도, 사실적인 표현으로 변화하던 파리의 모습을 그려냈다. 그의 작품 중 유명한 〈비 오는 날의 파리 거리〉, 〈유럽 다

귀스타브 카유보트, 〈비 오는 날의 파리 거리〉, 1877

귀스타브 카유보트, 〈유럽 다리〉, 1876

리〉 등은 그가 목격한 달라진 파리의 모습을 보여준다.

카유보트는 사람과 풍경을 정교하게 화폭에 담아내는 데에도 관심이 많았다. 그의 그림 중에서도 〈오르막길〉은 화사한 아름다움을 보여주는 작품이다.

화창한 햇살 아래, 두 남녀가 오르막길을 걸어가는 중이다. 독특하게도 그림은 두 인물의 뒷모습을 보여준다. 남녀의 모습 뒤로는 그늘진 전경이, 앞으로는 오르막길 풍경이 펼쳐져 있다. 남성은 야외 놀이에 적합한 모자를 쓰고 있으며, 팔 동작으로 미루어보아 파이프 담배를 쥐고 있을 것이라 짐작된다. 끝단에 장식이 달린 드레스를 입은 여성은 그 차림새로 보아 중산층 이상의 신분으로 보인다. 여성의 뒷모습에서 가장 눈에 띄는 것은 붉은색 양산이다. 밝은 햇살이 펼쳐내는 풍경 속에서 여성의 양산은 화사하게 색감을 뽐낸다. 태도나 옷차림새로 미루어보아 두 사람은 여유롭게 산책을 즐기고 있는 듯하다.

두 남녀는 어떤 관계일까. 이제 막 시작하는 연인일 수도, 어느 정도 삶의 시간을 공유한 부부일 수도 있다. 어떤 관계인지 정확히 알 수 없으나, 두 사람 사이에 일정한 간격이 존재한다는 점이 흥미롭다. 대개 그림 속에서 연인이나 부부의 모습은 자연스럽게 밀착된 형태로 표현되는 경우가 많다. 그러나 〈오르막길〉 속 남녀는 다르다. 당시 중산층 이상의 남녀는 일정 거리를 두고 걸어가는 것이 관습이자 예절이었다고 한다. 부부의 경우에도 마찬가지였다. 아마 그림 속 두 남녀도 이러한 관습을 따르고 있었

귀스타브 카유보트, 〈오르막길〉, 1881

을 것이다.

두 사람 간에 거리가 존재하는데도 이것이 심리적 장벽이나 단절된 관계로 느껴지지 않는다는 점이 인상적이다. 오히려 일정 거리를 두고 걷는 남녀의 모습에서 관계의 여유로움, 익숙한 친밀감이 느껴진다.

적당한 거리두기가 필요한 순간

〈오르막길〉을 걸어가는 두 사람의 여유로운 뒷모습은 '거리두기의 미학'을 떠올리게 한다. 한껏 밀착된 인간관계, 처음부터 마음이 통하는 관계만이 우리에게 깊은 만족감을 주는 것일까? 카유보트의 작품 속 남녀를 보며 질문을 던져본다.

우리는 때때로 '거리두기'라는 말에 거부감을 느낀다. 가족이나 절친한 친구가 나에게 거리를 둔다는 상상만으로도 마음이 아파지기도 한다. 그러나 하나처럼 밀착된 관계가 이상적이라는 편견 때문에, 적정한 거리가 만들어내는 관계의 아름다움을 놓치는 경우도 있다.

되돌아보면 나는 남편과 내 사이가 항상 얼굴을 마주 보거나 손을 잡고 함께 걸어가는 상태이기를 바랐다. 서로의 마음을 말하지 않아도 이해할 정도의 관계, 모든 것을 공유하는 사이에 대한 환상이 있었다. 이러한 환상과 기대치에서 어긋나면, 이를 심각한 균열과 갈등으로 여겼다. 재빨리 균열을 바로잡고 거리를 좁히기 위해 서로의 삶의 영역에 침범했다. 좋은 의도로 시작한 거였지만, 상대에게 더욱 가까워지기 위해 했던 말들이 오히려 서로에게 상처를 주기도 했다.

이는 비단 부부 사이에만 벌어지는 일은 아니다. 마음을 나누었다 생각한 친구나 가족 간에도 종종 비슷한 일이 벌어진다. 가까운 사이라는 이유 하나로 상대에 대한 존중을 놓아버리기 쉽다. 친밀한 관계이기에, 같은 시간대와 공간을 공유한다는 이유로 우리는 서로 간의 적정선을 자주 잊는다.

친밀한 관계라 해도 완벽히 하나가 될 수는 없다. 이를테면 성인이 되어 만난 배우자는 기질, 취향, 성장배경이 다를 수밖에 없다. 부모와 자녀 간의 관계도 마찬가지다. 부모는 나름의 시대 배경 속에서 나름의 성장과정을 거쳤을 테고, 자녀는 이와 다른 환경에서 자라났다. 심지어 같은 부모 밑에서 함께 자란 형제라 할지라도 출생 순서와 기질이 다르기에 사고방식과 삶의 태도가 제각각일 수밖에 없다. 우리는 이런 사실을 자주 잊고 네 마음과 내 마음이 같기를 바라며 서로의 영역을 침범한다. 이는 상처를 주고받는 결과로 이어진다.

내 마음을 완벽하게 공유할 수 있는 건 나밖에 없다. 모든 측면에서 하나 되기를 함부로 바라지 않는 것, 가까운 관계라도 지켜야 하는 삶의 영역을 알아두는 것, 배우자나 친구, 가족이라 할지라도 서로의 삶의 방식에 대해 함부로 평가해선 안 된다는 것, 모든 길을 손잡은 상태로 함께 걸을 수 없음을 인지하는 것, 인간관계의 적정선을 찾는 기술이다. 적당한 거리두기는 누군가에게 심리적으로 벽을 치고 담을 쌓는 태도와는 다르다. 서로의 삶에 대한 이해와 존중을 바탕으로 관계 맺는 것을 의미한다.

결혼 10년이 넘은 지금도 나는 남편과 다양한 측면에서 어긋나고 다툰다. 그러나 소울메이트에 대한 환상을 버린 지금 상대방과 어긋나는 모든 지점을 슬픈 것으로 여기지는 않는다. 함께하는 시간 동안 우리는 적정한 거리감을 찾기 위해 끊임없이 노력해야 할 것이다. 억지로 하나 되려 애쓰지 않고, '이해'하려 노력하거나 '상대를 적당히 놓아두는 태도'만으로도 충분하다. 그 적정한 거리가 오랜 시간 누군가와 함께 오르막길을 걸어가도록 도와줄 것이다.

꼰대가 되지 않는 한 가지 방법

&

예전에 근무했던 학교에 늘 명확하고 논리적인 태도를 보여주는 동료가 있었다. 서류 처리 절차가 명확하지 않아 혼란스럽거나 학생들 간에 미묘한 문제가 있을 때, 빠르게 결론을 내려주곤 했다. 처음에는 그를 믿고 의지했다. 당시의 나는 일을 시작한 지 얼마 안 된 상태였고, 일을 하다 자주 혼란에 빠지곤 했던 터라 그의 명확한 논리에 도움을 받았다.

어느 날 우리 반 아이와 그 반 아이 사이에 다툰 일이 생겼다. 복잡한 문제가 얽혀 있었다. 그는 말했다.

"이런 상황엔 답이 정해져 있어. 복잡하게 해결하려 들지 마. 잘 해결되도록 선생님 반 애를 좀 설득해줘."

분명 자신의 반 아이가 실수한 부분이 있었음에도 빠르게 처리 매뉴얼을 내놓는 태도가 좀 불편했다. 내가 반박하자 그는 이렇게 말했다.

"경력이 짧아 잘 모르는 것 같은데, 아이들이 이런 문제로 얽힐 땐 간단한 방향으로 문제를 해결하는 게 좋아."

단호한 어조였다. 문득 깨달았다. '자신에게 유리한 방향으로 문제를 끌어갈 뿐 아니라, 결론까지 이미 정해놓았구나.' 오랜 경력이 저런 모습을 만든 건가 싶었다. 경험이 쌓이더라도 저러지 말아야겠다고 다짐했다.

하지만 연차가 쌓이고 직장 생활을 오래 할수록 당시의 다짐은 무너져갔다. 다수의 아이들을 지도하면서 명확한 결론을 내리는 횟수가 늘었다. 내가 느지막이 답을 꺼내놓으면 혼란에 빠진 학생들이 불만을 토로하기에, 사안을 빠르게 파악하고 빠르게 결론 내렸다. 갖가지 문제를 맞닥뜨리고 해결해가면서 일정한 문제 해결의 틀도 생겼다. 'A라는 문제가 생겼을 때는 B라는 방식으로 해결해야지.' 머릿속에 나름의 매뉴얼을 쌓았다.

간혹 내게 조언을 구하는 동료도 있었다. 그럴 때면 내가 알고 있는 답이나 매뉴얼을 이야기해주었다. 가끔 직업과 무관한 일상생활을 할 때에도 '직장 생활을 통해 내린 결론'을 적용하려 드는 일도 벌어졌다. 그러다 어느 순간 내가 '이 구역의 꼰대'가 되고 있음을 느꼈다. 경력을 갓 쌓기 시작한 동료들이 일하는 걸 보며 '아직은 일에 서투른 시기지'라고 생각하며 안타까움이 섞인 혼잣말을 내뱉고는 했다. 그래봤자 나도 고작 8-9년 차에 불과했으면서.

내가 내린 결론이 세상의 모든 답인 양 아이들에게 일정한 논리를 밀어붙이기도 했다. 과거에는 나이만 내세우는 사람들을 싫어하던 나였는데, 나 역시 이따금 나이를 내세우고 있었다. 지금 생각해보면 어이없는 모습이지만, 당시에는 그랬다. 어느 날 돌아보니 독선적이던 옛 동료의 모습에 가까워진 나를 발견했다.

모든 순간의 인상은 시시각각 변한다, 〈인상, 해돋이〉

내 논리가 유일한 답이라 밀어붙이는 날 발견할 때면, 영원히 지속되는 건 없음을 그림으로 선언한 화가가 떠오른다. 인상주의의 선구자, 클로드 모네(Claude Monet, 1840-1926)의 이야기다.

모네는 파리에서 상인의 아들로 태어났다. 소년 시절을 보낸 르아브르에서 풍경화가 외젠 부댕(Eugène Boudin)의 문하생으로 시작해 정식으로 그림을 배웠다. 1859년에는 파리로 가 르누아르, 피사로 등의 화가들과 인연을 맺는다. 그는 선배 화가인 에두아르 마네(Édouard Manet)가 보여주었던 야외의 밝은 풍경에 깊은 인상을 받아 밖으로 나가 풍경화를 그리기 시작했다. 때마침 튜브형 물감이 발명된 후였기에 야외에 나가 오랫동안 작업할 수 있는 환경도 조성된 터였다.

그는 바깥에 나가 오랜 시간 자연의 풍경을 그리며 작품 세계를 다져나갔다. 1872년에는 파리에서 화가와 조각가, 판화가 등

클로드 모네, 〈인상, 해돋이〉, 1872

으로 구성된 무명예술가협회를 만들었다(이들은 훗날 인상파 화가들로 불리게 된다). 첫 번째 협회전을 열었을 때 모네는 열두 점의 작품을 전시회에 내놓았다.

이때 그의 작품 중 〈인상, 해돋이〉라는 작품이 많은 화제를 불러일으킨다. 긍정적인 측면에서의 화제는 아니었다. 비난에 가까운 혹독한 평가가 대다수였다.

모네의 고향인 르아브르 항구의 아침 풍경을 담은 이 그림은 포구에 떠오르는 해와 잔잔한 바다의 움직임, 그 위를 떠다니는 배가 만들어내는 풍경을 순간적으로 포착하고 있다. 당시 예술적 흐름은 사실적이고 정확한 풍경을 묘사해내는 데 관심을 두고 있었다. 모네는 이와 반대로 햇빛을 받아 시시각각 변화하는 자연 풍경의 한순간을 그려냈다. 정확한 묘사를 하지 않은 그림을 보고 많은 관람객들이 비판을 쏟아냈다. "캔버스 위에 물감을 대강 붓질해 발라놓고 거기에 자신들의 이름을 써놓았다"라며 비난한 기사도 있었다. 루이 르로이(Louis Leroy)라는 비평가는 '인상주의(Impressionism)'라는 조롱의 의미가 담긴 단어를 만들어냈다. 역설적이게도 이 말은 훗날 새로운 예술 사조를 일컫는 단어로 자리 잡는다.

자세히 살펴보면 모네의 작품에는 검은색이 존재하지 않는다. 모네는 사물이나 풍경에 명확한 윤곽선을 사용하지 않고 빛과 그림자에 따라 달라지는 즉흥적인 인상을 담아내려 하였다. 이전까지 대부분의 화가들은 바다는 푸른색, 숲은 초록색 등 대

클로드 모네, 〈건초 더미〉, 1895

클로드 모네, 〈런던, 워털루 다리〉, 1903

상을 나타내는 영구한 색깔이 있다고 생각했고 이를 바탕으로 그림을 채색했다. 마치 정해진 답이 있는 것처럼.

그러나 우리의 시야에 들어오는 풍경은 특정한 색채를 지닌 것이 아니다. 예를 들어 아침에 보는 하늘과 해가 저물 무렵 보는 하늘의 색깔은 동일하지 않다. 인상파 화가들은 빛과 그림자의 움직임에 따라 모든 풍경이 변할 수 있음을 알았다.

전통적인 회화 양식을 따르지 않은 모네의 그림은 처음에는 인정받지 못했다. 빈곤한 생활에 자살까지 생각하던 때도 있었다. 그러나 그는 자신이 구축한 예술 세계를 버리지 않고 묵묵히 그림을 그려나갔다. 자신의 그림을 두고 사람들이 하는 평가에 다음과 같은 일침을 날리기도 했다.

"사람들은 내 그림에 대해 의논하고 이해하는 척한다. 마치 이해해야만 하는 것처럼. 단순히 사랑하면 될 것을."

모네는 '빛은 곧 색채'라는 믿음을 간직한 채 예술 인생을 이어간 인물이었다. 빛의 마법으로 색채는 시시각각 변한다. 빛뿐만 아니라 계절이나 습도, 대기의 질 등이 끊임없이 변하면서 새로운 것을 만들어낸다. 그는 찰나에 만들어지는 아름다움의 순간을 포착해 캔버스에 옮겨놓았다. 명확하고 영구한 답을 찾지 않고, 변화하는 풍경의 흐름 그 자체에 주목한 셈이다.

내 안의 좁은 세계에 갇히지 않으려면

모네의 작품을 감상할 때마다 날 둘러싼 색채의 세계가 순간마다 미묘하게 변하고 있음을 느낀다. 한 가지 색깔을 영원히 고집할 수 없다는 사실 역시 깨닫게 된다. 어쩌면 우리를 둘러싼 세상의 답도 비슷하지 않을까.

인생에서 해결해야 할 문제가 생길 때, 우리는 대개 정확하고 신속한 결론을 내리려다 실수를 저지른다. 애매한 걸 참는 게 곤혹스럽기 때문에 생기는 일이다. 내가 수년 동안 쌓아온 결론이 현재 맞닥뜨린 상황에도 적용 가능하다 생각해 답을 내어놓는다. 이를 바탕으로 타인에게 불필요한 조언과 충고를 날리기도 한다. 내 생각이 세상의 불변하는 진리라 여기기 쉽지만, 따지고 보면 세상에 변하지 않는 것은 없다. 한 곳에서 쓸모 있는 매뉴얼이 다른 상황에서는 효용성 없는 것이 되기도 한다.

꼰대를 정의할 때 흔히 나이에 대한 언급이 따라다니지만, 이 역시 고정관념에 불과하다. 자신이 몸담고 있는 세상의 사고방식, 그 좁은 틀에 갇혀 있는 이가 꼰대에 가깝지 않을까. 내가 습득한 세계의 언어가 모든 곳에 통용된다 생각하고, 모든 상황에서 명확한 답을 내리려 들며 타인의 영역에 간섭하려 드는 이들. 꼰대라는 말에 가장 적합한 유형이다.

꼰대가 되지 않으려면 느리게 결론이 나더라도, 애매함이 불편할지라도 명확한 선을 긋지 않고 지켜보는 인내심이 필요하다. 모든 상황에 적용되는 진리가 있다고 생각하는 사람일수록 판단 오류를 저지르며 타인에게 불필요한 참견을 하게 된다. 가령 인터넷에서 논란이 될 만한 사건이 있을 때, 얼른 정확한 해석과 답을 찾아 결론을 내리고, 가해자라고 여겨지는 쪽을 비판하기 시작하는 사람들이 있다. 주로 자신이 겪어본 일이나, 주변의 일, 예전에 있었던 사건을 근거로 들며 논리를 밀어붙인다. '내가 알고 있는 세계 내에서 그건 정답이니, 이 일 역시 그 정답으로 해결할 수 있어', '지난 일을 겪어보니 답은 늘 정해져 있더라고' 식의 생각은 위험하다. 상황에 따라 답이 달라질 수 있음을 알고, 결론이 날 때까지 관조할 줄 아는 이는 꼰대가 될 가능성이 적다.

가끔은 내가 알고 있는 세계를 넓히려는 시도도 필요하다. 덕후 기질이 다분한 나는 지금까지 수많은 온라인 커뮤니티에 가입해 하루 종일 그곳에 올라온 글을 살펴본 적이 많다. 그런데 관심사가 같은 사람들의 생각만 접하다 보면 특정한 사고의 프레임에 갇히기 쉽다는 사실을 깨달았다. 이를테면 부동산 커뮤니티에서는 부동산 가격과 관련지어 모든 사안을 결론 내리고, 연예인을 덕질하는 커뮤니티에서는 세상의 모든 일을 연예계의 생리와 프레임으로 바라보는 이들이 많았다. 반면에 한 커뮤니티에 몸담고 있어도 다른 분야를 꾸준히 살피는 사람들은 유연한 사고방식을 가지고 있었다.

온라인과 알고리즘에 둘러싸인 세계에서 '보고 싶은 것만 보는' 확증편향은 빈번히 벌어진다. 따라서 한 가지 분야의 사고방식에 갇힌다고 느껴질 때는 간접적으로라도 다른 세계를 체험해 보는 게 좋다. 동호회나 온라인 커뮤니티 등을 통해 다양한 연령대나 직업을 가진 사람들의 생각을 접해보거나, 독서나 배움을 통해 그동안 접하지 못한 다른 이들의 생각을 만나볼 필요가 있다. 무언가를 새롭게 받아들이려는 감각은 유연한 사고를 불러온다.

내가 세상일의 결론을 이미 다 알고 있다고 생각하며 자신감이 차오르는 때가 있다. 내가 가진 생각의 프레임으로 명확한 답을 내리고 싶은 순간도 있다. 이런 때에는 모든 일의 윤곽선을 빠르게 그으려 하지 말고 애매하고 결론 나지 않는 상황을 참는 태도가 필요하다. 새로운 세계, 다양한 이들의 생각을 접하며 탐험하는 것도 좋다. 다양한 세계의 맥락을 이해할수록 내 안의 좁은 세계를 벗어날 기회가 생긴다.

사는 게
놀이터인 사람은
없다는 사실

&

몇 년 전 어느 날, 전화로 긴 대화를 이어가던 지인 S가 나에게 물었다.

"모든 걸 다 가진 여자로 사는 기분이 어때?"

선뜻 대답을 못 하는 나에게 그는 거듭 물었다.

"너는 남편도 있고, 아이도 있는 데다, 남편 덕분에 해외에서 생활 중이잖아. 게다가 휴직 중이니 직업도 유지하고 있고. 네 인생에 더 바랄 게 없을 거 같은데?"

한순간에 '다 가진 여자'가 되니 내 삶에 대한 고민은 도무지 털어놓을 수 없었다. 별다른 말을 이어가지 않는 나에게 그는 한마디를 덧붙였다.

"네 인생 부럽다, 정말!"

S는 분명 선량한 사람이다. 다만 늘 타인을 향해 있는 시선이

S 자신을 힘들게 만들고 있었다. 다른 이들의 삶을 평가할 때 그는 늘 비슷한 맥락의 이야기를 했다.

"A 말이지, 직업도 최고인 데다 집안도 잘 살고, 정말 삶이 편할 것 같아", "그 사람 직업은 퇴근 시간이 좀 늦긴 하지만 연봉이 높잖아. 진짜 부러워", "그 사람은 재테크에 성공했잖아. 부자 되니까 얼마나 좋을까. 그런 인생은 사는 게 얼마나 편할까".

누군가의 삶을 엿보며 시시때때로 선망의 눈길을 던졌듯, 그는 내 삶 또한 부러워했다. 나는 말할 수 없었다. 당시의 나는 오랫동안 우울한 상태로 해외 생활을 하던 중이었다. 외로움으로 몸 한구석이 정말 아파서 진통제를 한 움큼 집어먹은 날도 있었다(어디선가 외로울 때 진통제를 먹으면 심리적 고통이 완화된다는 이야기를 읽었던 후였다). 그런데도 이 모든 이야기가 그의 귀에 들어가면 투정 어린 꽃노래로 들릴 거라는 생각에 입을 다물 수밖에 없었다.

내 이야기를 담은 책 『그림으로 나를 위로하는 밤』을 출간하자 그는 다시 나에게 말했다.

"너는 완벽한 인생을 사는데 심지어 책까지 냈네. 남편 덕분에 해외에 가서 여유롭게 글도 쓰고 자기계발에까지 성공하다니! 너 같은 인생이 또 어디에 있겠니."

하지만 그의 말과 달리 책 속에는 내 우울한 이야기들이 곳곳에 널려 있었고, 나는 1년 반 동안 가정 보육을 하며 글을 쓰느라 다섯 시간 이상 잠을 잔 적이 없었다. 내 인생에 부러움을 표해준

그에게 고마움도 느꼈지만, 한편으로 묘한 기분도 느꼈다. S는 타인의 삶을 부러운 눈으로 엿보며 자연스레 자기 삶을 꼴등으로 만들고 있었다.

인간이 지닌 삶의 무게, 디에고 리베라의 〈꽃을 파는 여자〉

타인의 삶에 대한 오해를 주고받다가 마음 한구석이 서늘해질 때, 인간이 지닌 삶의 무게를 화폭에 담아낸 그림을 떠올린다. 멕시코의 국민 화가 디에고 리베라(Diego Rivera, 1886-1957)의 그림이다.

리베라는 1886년 멕시코의 부유한 가정에서 태어났다. 어릴 때부터 그림에 재능을 보인 그는 열 살에 멕시코시티에 있는 미술학교에 입학해 그림 공부를 시작했다. 그는 특히 멕시코의 전통적인 아름다움을 통해 민중의 삶을 예술로 승화시키는 데 관심이 컸다. 스무 살 이후 장학금을 받아 유럽을 여행하던 중 입체파와 교류하며 새로운 작품 세계를 접하기도 했다.

리베라가 유럽에 있는 동안 조국 멕시코는 혁명을 겪었다. 장기 집권하던 정치 지도자에 대항하는 무장투쟁이었다. 멕시코는 오랫동안 미국과 유럽의 정치적·경제적 지배의 후유증으로 많은 국민이 고통을 겪는 중이었다. 조국의 정치적 상황에 관심을 갖게 된 그는 귀국 후 멕시코 민중의 고통을 그린 거대한 벽화 작품을 남기기 시작한다.

많은 이들이 리베라를 그 유명한 화가, 프리다 칼로(Frida Kahlo de Rivera)를 속 썩인 바람둥이 남편으로 기억한다. 아내의 삶에 크나큰 고통을 안겨준 남편이긴 하지만, 리베라가 멕시코의 영웅이라 불릴 만큼 위대한 화가라는 사실은 부인할 수 없다. 그는 멕시코벽화운동을 이끌며 조국의 예술계에 중추적인 역할을 했다. 1942년 작인 〈꽃을 파는 여자〉를 보면 리베라가 민중의 삶을 어떤 방식으로 이해하고 표현했는지 짐작할 수 있다.

작품의 절반 이상을 차지하는 것은 꽃이다. 순수와 환희를 상징하는 꽃, 카라의 환한 아름다움이 눈부시게 빛난다. 그러나 그림 감상자의 시선은 이내 아래로 향한다. 한 여성이 이 거대한 꽃바구니의 무게를 책임지고 있기 때문이다. 이제 이 꽃을 든 여성이 지탱하고 있는 꽃의 위압감과 무게가 감상자의 머릿속에 스친다. 여인은 꽃의 무게를 감당하기 위해 무릎을 꿇고 있다. 아래로 한껏 숙인 고개와 거대한 바구니에 묶인 몸에서 위태로움이 느껴진다.

리베라는 가난한 민중의 힘겨운 삶을 화폭에 담아내던 화가였다. 이 작품 역시 생계유지를 위해 꽃을 팔아야 했던 여성의 모습을 그려낸다. 누군가에게 꽃은 아름다움의 상징이지만, 가난한 이들에게 꽃은 삶의 어려움, 착취의 상징이 될 수도 있음을 작품은 보여준다. 한편으로 꽃은 평범한 이들이 짊어지고 가는 삶의

디에고 리베라, 〈꽃을 파는 여자〉, 1942

무게를 떠올리게 한다.

겉보기에 멀쩡하고 평범하게 느껴지는 모습, 그것을 유지하기 위해 삶의 부담감과 고통을 참아내는 사람들의 모습을 떠올려본다. 세상 모든 것이 그러하듯 삶의 화려함과 아름다움을 지탱하기 위해 일정한 대가를 치러야 한다. 아무런 고통이나 아픔 없이 살아가는 사람은 드물다. 모든 사람은 각자 자신만의 짐을 진 채 인생이라는 길을 걸어가니까.

그렇다면 그림 속에는 고통과 절망의 진실만 담겨 있을까. 디에고는 작품 속에 한 조각의 희망을 던진다. 꽃바구니의 뒤에 여성의 짐을 함께 나누려는 누군가의 두 발이 보인다. 화려한 카라

디에고 리베라, 〈꽃의 날〉, 1925

디에고 리베라, 〈꽃 노점상〉, 1935

뒤로 그의 머리도 살짝 보인다. 꽃의 무게를 알아주는 이가 있다면, 여인의 무거운 삶에 크나큰 위안이 되지 않을까.

삶의 등수를 매기지 않고 타인의 삶을 이해하는 방법

디에고의 〈꽃을 파는 여자〉는 인간이 짊어져야 하는 삶의 책임과 고통에 대해 생각해보게 해준다. 그 무게를 타인이 쉽게 판단할 도리는 없다. 우리가 부러움을 표하는 타인의 삶은 멀리서 드문드문 보이는 풍경이다. 다른 사람의 인생이 꽃노래라 생각하는 만큼 내 삶을 비루한 것으로 여기기 쉽다. 자괴감과 열등감이 따라오기 마련이다. 누군가의 인생을 원거리에서 함부로 평가하는 건 위험한 일이다.

학교를 배경으로 펼쳐진 드라마 「블랙독」에서 인상 깊은 대사를 들었다. 한 등장인물이 부러움과 질투의 시선으로 바라보던 어떤 교사에게 전하는 말이었다.

"저는 사는 게 꼭 1,000미터 오래달리기를 하는 것 같은데, 선생님은 사는 게 놀이터구나, 그렇게 생각했었거든요. 근데 여기 다시 와보니까 그건 아니었겠구나, 사는 게 놀이터인 사람은 없는 거지. 그런 생각이 드네요."

사는 게 놀이터인 사람은 없다는 사실. 씁쓸한 이야기지만, 약간의 위안을 안겨주기도 한다. 모든 사람이 자신의 짐을 등에 짊어진 채 오래달리기를 한다는 사실을 깨달으면, '나 아닌 누군가의 삶'에 대한 부러움이 줄어든다. 타인의 삶을 부러워하며 낭비하는 내 시간도 조금은 줄어든다. 타인이 짊어지고 가는 인생의 짐과 내 인생의 고통, 그 무게를 함부로 평가하거나 저울에 달지 않아야 내 삶이 꼴찌로 밀리지 않는다. 더불어 삶의 무게를 덜어주는 공감의 길도 열린다.

상처를 사랑으로 바꾸고 싶다면

&

「요즘 육아 금쪽같은 내 새끼」라는 TV 프로그램을 가끔씩 본다. 매주 바뀌는 아이들은 제각기 다른 모습과 문제를 품고 있다. 그러나 놀랍게도 원인은 비슷한 경우가 많았다. 부모와 아이의 기질 궁합이 맞지 않아 충돌하기도 하고, 부모의 양육 태도가 문제를 불러일으키는 경우도 적지 않았다. 더 깊숙한 근원을 따라가 보면 부모의 어린 시절 상처나 어려움이 밑바탕에 깔려 있을 때도 있었다.

이 경우 오은영 박사는 친절하게 조언을 건넨다. "아이에게 사랑이나 관심을 담아 표현해줘야 합니다"라고. 그러면 많은 부모들이 난감한 표정으로 "마음은 있지만 어떻게 아이에게 말해줘야 할지 방법을 모르겠어요"라며 말끝을 흐린다. 그 말에 공감했다. 나도 때때로 비슷한 생각을 했으니까. 내 아이에게 어떤 방식으로 관심과 애정을 건네야 할지 몰라 머리가 아득해지는 순간을 종종 마주하곤 했다. 원인을 거슬러 올라가보면, 지나간 어린 시절이 등장했다.

나는 정감 어린 수다나 일상의 느낌표 같은 것이 허용되지 않는 집안 분위기 속에서 자랐다. 홀로 있는 시간이 많아 어리광이나 투정을 내뱉을 만한 환경도 아니었다. 생계와 일상을 유지하느라 가족 모두 바빴으니까. 어릴 때 엄마로부터 "아이처럼 혀 짧은 소리 내지 마"라는 말을 듣기도 했고, 초등학교 시절부터는 언니와 함께 부모의 다툼을 중재하거나, 아빠가 만들어내는 폭력적인 상황을 온몸으로 막아내야 하는 역할을 맡기도 했다.

다행히 상황이 나쁜 것만은 아니었다. 어린 시절부터 나는 혼자 놀기의 달인이었기에 홀로 책을 보거나 그림을 그리며 지내는 일에 금세 익숙해졌다. 부모님은 따뜻한 말을 건네지는 않았지만, 간섭이나 잔소리의 말을 내뱉는 스타일도 아니었다. 특히 엄마는 책임감이 강한 사람이었다. 최선을 다해 행동으로 두 딸을 보살피려 애썼다. 다만 내뱉는 언어가 무덤덤했고, 감정을 드러내는 경우가 없었을 뿐이다. 힘든 상황을 침묵이나 무뚝뚝한 말로 넘어가는 엄마를 보며 나 역시 조용해졌다. 다소 무미건조한 화법을 자연스레 익혀갔다.

자라면서 따스함이나 온기를 내뿜는 이들을 보며 질투를 느낀 적도 있었다. 그들에게는 가정의 단단한 정서적 지지대가 있을 거라 제멋대로 상상했다. 상처나 결핍 같은 게 많지 않을 거라

지레짐작하며 은근한 열등감도 느꼈다. 그래도 피해의식이나 질투심 같은 복잡한 감정을 겉으로 티 내지 않으려 노력했고, 그 노력은 어느 정도 성공을 거두었다.

문제는 아이를 낳은 후였다. 처음으로 깨달았다. 내 무미건조한 화법이 육아에 매우 부적합하다는 걸. 아이가 태어나 가장 먼저 바라보고 사랑하게 되는 존재는 엄마인 나였다. 내 사랑을 기다리는 작고 연약한 존재에게 나 역시 어마어마한 애정을 품고 있었다. 그 사랑과 관심을 어떤 식으로 표현해야 하는 건지 몰라 머리가 가끔 아득해졌다. 내가 습득한 적 없는 제3의 언어를 누군가에게 가르쳐야 할 입장에 놓인 느낌이었다. '관심을 담은 다감한 말은 어떤 방식으로 건넬 수 있는 거야?' 육아 프로그램에 나온 부모들과 마찬가지로, 어떻게 표현해야 할지 모르겠다는 말을 중얼거렸다.

나 역시 무뚝뚝한 언어와 행동으로 아이에게 결핍을 안겨주는 부모 아닐까? 상처를 대물림하는 부모가 바로 나 아닐까? 이따금 머릿속에 두려운 물음표가 떠올랐다.

가정의 따스한 온기를 캔버스에 담다, 칼 라르손

상처나 결핍 같은 단어가 머릿속을 괴롭힐 때면, 따스한 온기로 가득 찬 그림들을 찾아본다. 스웨덴의 국민 화가로 불리는 칼 라르손(Carl Larsson, 1853-1919)의 작품들이다.

칼 라르손은 스톡홀름의 빈민촌에서 일용직에 종사하는 아버지와 세탁부로 일하던 어머니 사이에서 태어났다. 가난한 집에서 태어난 그는 평화로운 어린 시절을 누리지 못했다. 쓰레기가 가득하고 식구들이 부대끼며 잠들어야 하는 곳이 그의 집이었다. 주정뱅이 아버지의 폭언과 구박도 이어졌다. 부모님이 이혼한 뒤 어머니와 함께 외스테르말름이라는 동네로 거주지를 옮겼지만, 그 역시 안락한 장소는 아니었다. 범죄자나 매춘부 들을 매일 이웃으로 만나야 하는 처지였다.

그러나 다행히 그에게는 예술적 재능이 있었다. 선생님에게 아들의 미술 재능을 들은 어머니는 그를 스웨덴 왕립 미술 아카데미에 보냈다. 학교에 들어간 라르손은 신문이나 잡지에 들어갈 삽화나 만화 등을 그리며 자신의 학비를 감당하고, 가족을 부양했다. 예술 활동에 대한 갈증도 놓지 않았다. 1877년 파리로 떠난 그는 살롱전에 출품했으나, 낙선을 거듭했다. 계속되는 실패로 우울증에 걸려 자살을 생각한 때도 있었다. 그러나 포기하지 않고 점차 그림의 방향을 바꿔 야외 풍경을 그린 자연주의 수채화를 그리기 시작했다.

이후 그는 파리 외곽의 그레 쉬르 루앙이라는 곳에 자리를 잡고 지냈다. 스웨덴 출신 화가들이 모여 살던 지역이었는데, 이곳에서 스웨덴 유학생이었던 카린 베르게(Karin Bergöö)를 만나 사

칼 라르손, 〈책 읽는 카린〉, 1904

칼 라르손, 〈기념일〉, 1895

랑에 빠진다. 부유한 집안 출신의 그녀 역시 그림을 공부하는 화가였다. 카린의 아버지가 결혼을 반대했지만 두 사람은 가정을 꾸렸고, 이후 여덟 명의 자녀를 낳으며 결혼 생활을 이어간다.

아내와의 만남은 라르손의 인생에 있어 커다란 전환점이 되었다. 결혼 이후 그는 가정생활과 집안의 풍경, 가족들을 주요 소재로 삼아 그림을 그리기 시작했다. 그림의 색감 역시 밝고 화사한 방향으로 바뀌었다. 카린의 아버지가 선드본이라는 지역에 있는 작은 집을 물려주었는데, 이곳으로 이사한 부부는 미적감각을 활용해 집안을 확장하고, 실내를 밝고 편안한 색감으로 꾸몄다. 당시 유럽의 일반적인 가정은 호화스러운 장식과 화려한 무늬로 만들어진 커튼으로 꾸미는 경우가 많았다. 그러나 두 부부는 직접 손으로 만든 가구와 물건, 밝은 색감의 인테리어를 통해 가족들이 자유롭게 북적일 수 있는 공간을 연출해냈다. 이러한 라르손 가정의 실내 분위기는 이후 스웨덴 태생의 가구 브랜드, 이케아의 디자인 연출에 큰 영감을 주기도 했다.

라르손은 이후 평생 동안 평화로운 전원에서의 생활, 집 안의 모습, 소박하고 다감한 가족들의 분위기를 담은 다양한 작품을 남긴다. 자녀들과 함께 일상을 보내거나 아이들이 노는 모습을 표현한 그림을 모아 「우리 집」이라는 화집을 출판하기도 한다.

그가 자신과 딸의 모습을 그린 〈브리타와 나〉를 보면, 단순한 선과 투명하고 화사한 색채가 눈에 띈다. 라르손은 특유의 밝은 색채로 스웨덴식 장식미술의 특징을 캔버스에 구현했다. 여덟 자

칼 라르손, 〈브리타와 나〉, 1895

녀 중 한 명인 딸 브리타(Brita)를 어깨에 얹은 채 웃고 있는 화가의 모습은 편안하고 즐거워 보인다.

한편으로 궁금증도 생긴다. 만면에 띤 웃음만큼 그는 늘 행복의 표정을 짓고 있던 화가였을까. 그렇지는 않다. 라르손의 우울증은 평생 계속됐다고 한다. '가족'과 '가정'은 그에게 상처로 남을 수 있는 단어였다. 그럼에도 불구하고 화가는 행복이라는 이름을 놓지 않으려 끝까지 노력했다. 예술의 힘과 더불어 가족이라는 이름이 그를 새로운 길로 인도했다. 어린 시절의 상처를 딛고, 새로운 방식의 사랑과 온기를 창조해 캔버스에 담아낸 것, 이것이 화가가 이루어낸 가장 강력한 업적 아닐까.

나만의 온기를 만들어가는 방법

라르손은 자신의 인생과 작품을 통해 어린 시절의 기억이 인생 모두를 송두리째 결정하지 않는다는 것, 물려받지 않아도 스스로 온기를 만들어가는 방법도 있다는 것을 증명했다.

관계에서 온 상처, 어린 시절에 해결하지 못한 문제들을 부여잡고 살아가는 사람들을 자주 본다. 나 역시 그 부류에 포함됐다. 가끔은 '내가 좀 더 따뜻하고 화목한 가정에서 태어났다면'이라는 가정법 문장을 읊조렸다. '그렇다면 나는 더 인간미 넘치는 사람,

좋은 부모가 되었을 텐데.' 아쉽다는 생각도 자주 들었다. 어린 시절의 상처를 되짚어보며 냉소나 포기, 열등감을 선택하는 순간도 많았다. '상처의 대물림'이라는 말은 내 의지로 떨쳐내기 어려운 것으로 느껴지기도 했다. 밑그림을 그려놓은 종이를 찢고 새 그림을 그리듯, 내 어린 시절부터 바꿔야 따스한 사람으로 변신 가능하다고 여겼다.

하지만 라르손의 그림을 보며 깨닫는다. 어린 시절의 경험 때문에 인생의 한쪽 끝이 구겨질 수는 있으나, 통째로 손상되는 건 아니라는 사실을. 엉망으로 휘저어져 회복이 불가능한 상태도 아닐 것이다. 수많은 시도와 실패가 뒤따르고, 뼈아픈 노력이 필요하겠지만, 그걸 뛰어넘는 선택지는 늘 존재하게 마련이니까. 냉소와 조소, 열등감, 상처의 투영을 택하는 건 비교적 쉬운 일이다. 그러나 이 선택지 대신 사랑과 온기, 따스함이나 행복이라는 단어를 고르는 방법도 있다.

나는 여전히 아이에게 사랑의 말을 건네는 게 서툴다. 훌륭한 부모가 되는 방법을 잘 알고 있는 것도 아니다. 그래도 새벽녘에 잠이 얼핏 깬 아이 손을 가만히 잡아주거나, 아이를 품에 안고 "네가 있어서 다행이야"라는 말을 건네는 것 정도는 이제 할 수 있게 됐다. 어릴 때 자연스레 몸에 익히지 못했다면, 성장한 후에 배우는 방법도 있다는 걸 이제는 안다. 나는 나만의 온기를 품는 방법을 매일 배우는 중이다.

외로움의 시간을 건너는 방법

&

언제부터인가 글을 쓰다 10분에 한 번씩 스마트폰을 들여다보는 버릇이 생겼다. 주로 스마트폰 바탕화면의 상단부 알림을 들여다본다. 카톡 알림이 오지 않았는지 들여다보고, 모르는 이에게 메일이 왔는지 살펴본다. SNS에 들어가 새로운 소식이 없는지 훑어보는 건 물론이다. 새로운 알람이 감지되지 않으면 작은 실망이 찾아왔다. 딱히 연락을 줄 사람이 없다는 걸 알면서도 그 행위를 반복했다. 어찌 보면 아이가 애착 인형을 습관적으로 만지작거리는 행동과 유사한 구석이 있었다. 포근하고 보드라운 애착 인형과 달리, 스마트폰 속 세계는 무심하고 차갑게 느껴졌지만.

어째서 버릇처럼 스마트폰을 쥐었다 놓기를 반복했을까? 돌이켜보면 누군가와 연결된 상태이기를 간절히 원하는 마음, 세상에서 소외되기 싫다는 두려움이 밑바탕에 깔려 있었다. 무엇보다 홀로 있는 순간에 스쳐가는 외로움이라는 감정, 그 서늘한 느낌을 멀리하고 싶었다.

고립감, 외로움. 원래 이런 종류의 단어와 가까운 사람은 아니었다. 과거의 나는 늘 어딘가에 소속되어 있었고, 자연스럽게 누군가를 만나는 사람이었으니까. 쌍방의 호감, 친밀감으로 엮인 관계가 도처에 있었다.

그러나 코로나 19와 비대면 시대가 열린 이후 상황이 바뀌었다. 전염병이 확산되는 상황이니 오랜 기간 알아온 친구나 지인들과 약속 잡기가 어려웠다. 당장에 글쓰기 마감도 맞춰야 했고, 남편과 떨어져 홀로 육아해야 하는 처지라 만나자는 제안을 건네는 것조차 어려웠다. 외로움을 달랠 출구로 찾은 것이 스마트폰 속 세상이었다. SNS나 카톡 채팅창을 드나드는 것 외에도 다양한 시도를 해봤다. 먼 곳에 있는 친구나 지인에게 전화해 내가 가진 외로움이나 고통이 어떤 모양새를 하고 있는지 꽤 자세히 설명했다. 상대가 진지하고 성의 있는 태도로 경청해줬음에도 통화를 마치면 어쩐지 마음 한구석에 구멍이 남아 있었다. 다른 이들처럼 수시로 만날 동네 친구를 가지지 못해서일까? 같은 동네에 지인을 만들어 매일 대화를 나누다 보면 외로움이 사라질까?

어느 날 문득 깨달았다. 외로움을 바깥으로 퍼내고 퍼내도, 스마트폰을 아무리 들여다봐도 이 서늘한 감정이 단숨에 채워지지 않을 거란 사실을. 이번에 내게 찾아온 외로움은 홀로 해결해야 할 형태의 것임을.

외로움도 고립감도 침범하지 않는 시간,
〈우아한 여인〉

외로움의 시간이 다가올 때면 조용히 자신만의 세계를 즐기는 한 여인의 모습을 떠올린다. 19세기의 화가 알프레드 스테방스(Alfred Stevens, 1823-1906)의 그림 속 이야기다.

스테방스는 벨기에에서 군인이자 미술품 애호가였던 아버지 밑에서 태어났다. 아버지의 영향력 덕분인지 스테방스의 형제들은 모두 화가, 미술 평론가 등으로 활약했다. 형제들과 마찬가지로 그 역시 예술의 길을 택했다. 브뤼셀에서 신고전주의 화가인 프랑수아 조제프 나베즈(François Joseph Navez)에게 그림을 배운 뒤, 스무 살 무렵 파리로 건너가 그림 활동을 이어간다. 1853년에 파리 만국박람회에 출품하고 입선하면서 이름을 알린 그는 마네나 드가와 같은 인상파 화가들과도 교류하면서 자신만의 예술 세계를 구축해간다.

그는 주로 19세기 파리 사람들의 화려한 모습을 캔버스에 담았다. 특히 1860년대 이후로는 상류층 여인들의 초상화를 많이 그렸다. 당시 프랑스를 비롯한 유럽은 보불전쟁이 끝나고 경제와 기술이 발전하며 40여 년간 평화의 시대를 지나는 중이었다. 이러한 시대를 '벨 에포크'(Belle Époque, 아름다운 시대라는 의미)라 부르는데, 스테방스도 시대적 흐름을 반영해 주제와 화풍에 변화를 주었다. 그의 작품 속 여성들은 우아하고 품위 있는 모습으로 감

(좌) 알프레드 스테방스, 〈일본 가면〉, 1877
(우) 알프레드 스테방스, 〈일본 인형을 든 여인〉, 1894

상자의 눈길을 끈다. 화가는 여성들의 드레스, 고풍스러운 가구나 소품 등을 섬세하고 세련되게 화폭에 담아냈다.

스테방스는 특히 바닷가에서 홀로 사색에 잠겨 있거나 그림을 그리는 여인들의 모습을 자주 화폭에 담아냈다. 1884년 작 〈우아한 여인〉 역시 바닷가에 홀로 서 있는 여성의 모습을 그린 작품이다.

그림을 보면 먼 곳을 바라보고 있는 한 여인이 눈에 띈다. 빨간 우산을 비스듬히 의지하고 서서 반대편 손으로 보닛(여자나 어린아이들이 쓰는 모자)의 챙을 살짝 잡고 있는 모습이 인상적이다.

먼바다를 바라보는 여성의 드레스가 화사한 색을 뽐낸다. 스테방스의 그림답게 의상과 소품의 섬세한 묘사가 돋보이는 작품이다.

뒤편에는 대화를 나누고 있는 한 쌍의 남녀가 있지만, 여성은 아랑곳하지 않고 홀로 사색의 시간을 보내고 있다. 스테방스는 이처럼 홀로 먼 곳을 바라보거나 생각에 잠긴 여성들의 모습을 그리는 경우가 많았다. "결코 일어날 것 같지 않은 일을 기다리는 여인들의 모습을 그렸다"라는 평처럼, 그의 작품 속 여성들은 대체로 나른한 분위기로 사색에 잠겨 있는 경우가 많다. 그런데 〈우아한 여인〉 속의 여성은 보다 당당한 시선을 바다에 던지고 있다. 그녀가 어떤 생각에 잠겨 있는지 정확히 알 수는 없으나, 적어도 '외로움'이라는 단어는 떠오르지 않는다.

현대인의 소외감과 고독을 탁월하게 표현했다고 평가받는 20세기 화가 에드워드 호퍼(Edward Hopper)의 작품 속 풍경과 스테방스의 그림 속 인물을 비교해보면 그 차이점을 명확히 알 수 있다.

호퍼의 작품엔 다수의 사람이 한 공간에 자리 잡고 있는 경우도 많지만 대체로 그의 그림에선 상호 연대가 주는 안정감이나 친밀감을 느끼기는 어렵다. 1942년 작 〈밤을 지새우는 사람들〉을 보면 인물들의 시선은 서로 얽히지 않는다. 대화 소리도 상상하기 어렵다. 감정을 느끼기 어려운 메마른 표정, 고요한 분위기. 그림은 같은 공간에 앉아 있지만 외로운 사람들을 보여준다.

반면 스테방스의 그림 속 여성은 홀로 바닷가에 서 있으나 자신만의 생각에 오롯이 몰두해 있다. 인간이 홀로 있을 때 불안이

알프레드 스테방스, 〈우아한 여인〉, 1884

에드워드 호퍼, 〈밤을 지새우는 사람들〉, 1942

나 고립감을 느낀다는 건 고정관념에 불과할지 모른다. 작품 속 당당하고 우아한 여성의 모습을 통해 고립감이나 외로움이 아닌, 나에게 몰두하는 시간의 소중함을 떠올려본다.

마음의 구멍을 채운다는 것

되짚어보면 나는 홀로 있는 시간이 두려워 외로움을 채워줄 누군가를 찾아 헤맸다. 그러나 누구에게나 홀로 버텨내야 하는 시간이 존재하고, 타인이 해결해줄 수 없는 나만의 외로움과 공허감이 존재한다. 외로움이 인류 공통의 과제이고, 내 문제만은 아니라는 사실을 깨달으니 마음이 조금 편안해진다.

곁에 있는 누군가가 내 마음속 빈자리를 완벽히 채워줄 거라 기대할수록 마음 구멍은 커지기 마련이다. 외로운 이들끼리 잠시 등을 맞대거나 기대어 설 수는 있다. 그러나 내 외로움을 타인에게 전적으로 맡겨 해결하는 건 애초에 불가능한 일이다. 그런 의미에서 스마트폰 속 작은 세상이 내 마음 구멍을 채워줄 거라는 생각을 조금은 내려놓을 필요가 있다. SNS나 채팅창을 통해 혼자가 아니라는 위안을 잠시 받을 수는 있다. 그러나 가상공간에서 누군가와 전인격적인 관계를 맺는 것은 불가능하다. 엄밀히 말하면 인터넷 세상에서의 만남이 실재는 아니니까. 실재하지 않는 만남에 기대어 사는 건 공허함에 사로잡힐 위험을 키우는 지름길 아닐까.

며칠간 알 수 없는 외로움에 시달리다 깨달았다. 나 홀로 해결해야 할 외로움의 시간이 왔음을. 삶을 돌아보면 아이러니하게도 철저하게 홀로 버텨낸 시간을 통해 나는 조금씩 다른 사람이 되어왔다. 외골수인 성격 탓에 홀로 책의 세계로 숨어든 채 보내던 어린 시절, 다른 사람들과의 만남을 줄이고 글을 쓰며 버텨냈던 순간. 쉽지 않은 그 순간을 지나칠 때마다 내 삶에 새로운 마디가 솟아났다. 나에게 몰두하는 시간은 삶의 새로운 단계를 열어주었다. 주변에 휘둘리지 않고 가장 나답게 지낼 수 있는 소중한 시기였기 때문이리라. 외로움의 순기능을 떠올리자 마음이 한결 편해졌다. 불안감에 스마트폰 속 세상을 쳐다보는 시간이 조금씩 줄어들었다.

모든 인간의 삶에는 홀로 해결해야 할 외로움이 공평하게 배분되어 있다. 외로움의 시간이 찾아왔다면 엉뚱한 행동으로 도피하지 않고, 그저 외롭다는 사실을 직시하는 게 좋지 않을까. 홀로 집중할 일을 찾아 몰두하는 것도 하나의 방법이다. 외로움의 순간이 당신을 늘 허약하게 만들거나 망가뜨리는 건 아니다. 고립감이나 소외감으로 가득 찬 시간을, 자발적으로 즐기는 고독의 시간으로 전환해보는 것도 좋은 방법 아닐까.

인간관계에 대차대조표가 필요한 이유

&

한때 친했던 지인 P는 스스럼없이 나에게 친밀함을 표현하는 이였다. 생활 반경이 달라지며 자연스레 멀어진 이후에도 그는 주기적으로 나에게 연락을 했다. 주로 자신의 연애 상황이 잘 풀리지 않거나 직장 생활에 지쳐 있을 때였다. 30분에서 한 시간가량 그의 이야기를 들어주고 공감해주고 나면 진이 빠지고는 했다. 일정한 주기를 두고 엇비슷한 사연이 도돌이표처럼 반복되었기 때문이다. 내가 애써 공감해주었던 그의 고민은 며칠 후 제자리로 돌아가 있었다. 애인과의 다툼, 직장에서의 자잘한 스트레스는 전혀 나아지지 않은 채 그의 하소연 속을 맴돌았다.

나도 가끔 그에게 전화를 했다. 내 힘든 이야기를 꺼낼 때면, 그는 자신의 힘든 이야기로 맞대응했다. 주로 "내가 겪어봐서 지금의 네 어려움을 잘 알지만, 그건 사실 큰일이 아니야"라는 패턴이었다.

그는 "우리 사이에"라는 말을 은근히 강조하기도 했다. 때때로 P는 나도 친하지 않은 누군가에게 새로운 정보를 물어봐달라 부탁하거나, 무언가를 양보해달라는 식의 난감한 부탁을 하는 것도 서슴지 않았다. 들어주기 곤란한 부탁이라는 생각이 들어 내가 머뭇거리면 "우리 사이에 그런 것까지 고민할 이유가 있냐"라며 야박하다는 투로 나를 핀잔하곤 했다.

가끔 P가 부르짖는 "우리 사이에"라는 말이 마음에 걸렸다. P는 가까운 사이에 셈법을 따지면 이기적이라는 얘기를 에둘러 말하곤 했는데, 그의 논리에 따라 생각해보니 의문이 솟았다. 친하다고 해서 그의 부탁을 내가 모두 들어주어야 하는 걸까? 그의 말처럼 가까운 관계에서 플러스와 마이너스를 따지고, 때로는 부탁을 거절하기도 하는 나 자신이 옹졸하고 이기적인 인간인 건가? 가깝고 친밀한 사이에는 셈법이 전혀 필요 없는 걸까? 많은 물음표가 머릿속을 떠돌았다.

관계에 눈속임이 있다고 생각될 때,
〈카드놀이 사기꾼〉

플러스와 마이너스를 따지지 말고 관계를 이어나가자 주장하는 사람에게 지칠 때, 눈속임이라는 단어를 생각한다. 그리고 눈속임은 내가 모르는 사이에 일어난다는 것을 보여준 조르주 드 라투르(Georges de La Tour, 1593-1652)의 작품을 떠올려본다.

라투르는 17세기 프랑스와 독일의 영토 분쟁 지역이었던 로렌에서 제빵사의 아들로 태어났다. 비교적 넉넉한 집안 형편 덕분에 그는 이탈리아로 그림 공부를 다녀온 뒤 화가로서 명성을 날렸다. 1617년에는 공작의 딸과 결혼해 경제적으로 부유한 위치에 올랐고, 지방의 성을 사서 영주의 역할도 해나간다. 유럽 전역이 종교로 인한 30년 전쟁에 휩싸여 있던 때임에도 불구하고 그는 풍족하고 부유한 생활을 누릴 수 있었다.

그의 일생이 명확히 밝혀진 것은 아니지만, 작품의 특징으로 미루어봤을 때 빛의 화가 미켈란젤로 메리시 다 카라바조(Michelangelo Merisi da Caravaggio)의 영향을 많이 받은 것으로 보인다. 카라바조는 빛의 밝음과 어두움의 극적인 대비를 통해 눈길을 끄는 작품을 남겼는데 이를 명암법, 키아로스쿠로(Chiaroscuro)라 부른다. 라투르 역시 빛과 어둠을 활용하여 고요하고 엄숙한 분위기의 그림을 캔버스에 그려냈다. 특히 라투르의 경우 대부분 촛불에 의해 대상을 밝히는 방식의 구성을 즐겨 그렸기에 '촛불의 화가'라고 불리기도 한다. 극적인 상황을 즐겨 그렸던 카라바조에 비해 은은한 촛불 아래 일상적인 풍경을 그려낸 경우가 많아 경건하고 신비한 분위기를 자아내는 것이 그의 작품의 특징이다.

라투르의 작품 중에는 종교적인 주제를 다룬 그림이 꽤 많다. 특히 성경 속 '마리아 막달레나의 회개'는 그가 선호했던 주제였

조르주 드 라투르,
〈참회하는 막달라 마리아〉,
1640년경

조르주 드 라투르,
〈목수 성 요셉〉, 1635-1640년경

다. 〈참회하는 막달라 마리아〉라는 작품에서 거울 속 촛불이 반사되며 거울을 통해 자신의 삶을 되돌아보는 마리아 막달레나의 모습은 경건함과 신비로움을 풍긴다. 그녀의 손에는 인생의 덧없음을 상징하는 해골이 놓여 있다. 예수와 아버지인 성 요셉과 같은 성경 속 주제도 단순히 종교적 관점에서 다루기보다는 일상 속 부자 관계와 같이 평화로운 풍경으로 담아낸 것이 인상적이다.

이처럼 경건한 종교화와 반대로 그는 그림을 그리던 초창기 때 인간의 속임수나 사기 행각 등 추악한 면을 주제로 그림을 그리기도 했다. 대표적인 작품이 〈카드놀이 사기꾼〉이라는 작품이다. 얼핏 보기에는 여러 명이 둘러앉아 카드놀이를 즐기고 있는 것처럼 보인다. 그러나 자세히 살펴보면 그림 속 인물들의 눈빛이나 행동이 심상치 않다.

가장 오른쪽에는 다소 멍하고 순진한 표정의 남성이 앉아 있다. 옷차림새가 화려한 것으로 보아 귀족 청년으로 보인다. 그는 카드놀이에 심취해서 주변의 상황을 눈치 채지 못한다. 화면의 중간, 요란한 깃털 모자와 보석으로 몸을 휘감은 여성은 얼굴은 정면을 향한 채, 와인 잔을 가져온 하녀와 눈짓을 주고받는 중이다. 아마도 오른쪽에 있는 순진한 귀족 청년에게 술을 먹여 속이려는 것으로 보인다. 그 왼쪽에 얼굴을 반쯤 돌리고 있는 남성은 겉보기에 카드를 들고 있으나 사실 벨트 뒤에 에이스 카드를 빼내어 숨기고 있다. 아마도 이 남성은 결정적인 순간에 숨겨놓은 카드를 꺼내어 청년을 속여 넘길 것이다. 풋내기로 보이는 오

조르주 드 라투르, <카드놀이 사기꾼>, 1635

른쪽 청년은 사기꾼들에게 둘러싸여 가지고 있던 금화를 곧 잃게 될 가능성이 크다.

라투르는 어두운 배경의 작품이나 인물들의 흰 피부와 화려한 의상을 부각시켰다. 그뿐만 아니라 예리한 시선으로 등장인물들의 심리적 긴장감을 포착해 표현해내고 있다.

작품은 인간 사회에서 종종 벌어지는 속임수에 대해 생각하게 한다. 특히 왼쪽의 남성처럼 정작 자신의 패를 숨겨놓고 공정한 게임인 양 굴며 불공정한 관계를 이끌어가는 사람이 있다. 적절한 규칙이 무너진 채 한쪽에게만 유리하게 움직이는 인간관계는 눈속임에 불과하다. 어떤 방식으로 게임이 흘러가고 있는지, 중간 점검이 필요한 이유다.

인간관계의 대차대조표,
확인이 필요할 때

〈카드놀이 사기꾼〉 속 두 인물의 모습을 보며 인간관계에서 때때로 벌어지는 눈속임을 생각한다. 계산이 없는 양 굴지만 실제로는 자신에게만 유리한 패를 모으는 사람들. 이들은 상대에게 무언가를 한없이 요구하며 "우리 사이에 셈법을 따지면 안 되지"라는 말을 늘어놓는다. 정작 자신의 에이스 카드는 숨겨놓고서.

사실 상대에 대한 예의와 존중을 아는 사람들은 관계의 대차대조표에 플러스 항목과 마이너스 항목을 균형 있게 채워갈 줄 안다(인간관계에 있어 단순히 물질적인 것뿐 아니라 위로, 공감, 믿음, 관계의 만족감 등 서로 주고받을 수 있는 수많은 가치가 있을 것이다). 반대로 더없이 가까운 사이인 듯 굴면서 상대에게 끊임없이 얻어가려고만 하는 사람도 있다. 그들이 강조하는 것은 '친밀함'과 '당연함'이다. 자신이 받는 것을 당연시하며 상대에게는 아무것도 주지 않거나, 아주 약간의 기대감만 심어주고 상대의 많은 것을 빼어오려는 태도를 보이기도 한다.

물론 사랑과 호감만으로 많은 걸 내어주고 싶은 상대도 있다. 그러나 한쪽의 일방적인 희생과 헌신만으로 관계가 지속될 수 있을까? 부모-자식 관계에서도 쉽진 않을 것 같다.

'희생'은 아름다운 단어임이 분명하다. 그러나 자발성에서 비롯된 것이 아닌, 한쪽의 일방적인 요구로 이루어지는 희생은 후일 희생하는 당사자에게 억울함만 남긴다. 관계 유지를 위해 한쪽이 다른 쪽에게 끊임없이 무언가를 제공해야 한다면 그것은 친밀한 관계가 아니라 착취 관계에 가깝다. 혹시 관계를 유지하다 내 마음속에 억울한 감정이 고개를 쳐든다면 인간관계의 대차대조표를 살펴볼 필요가 있다.

물론 주의할 점도 있다. 언젠가 읽었던 양귀자의 『모순』에 나온 글귀가 기억난다. 사람들은 타인이 준 상처를 반드시 받아야 할 빚으로 여기고, 오랫동안 기억해야 할 큰 은혜를 빨리 잊는다는 내용이었다. 우리의 인생 장부책 계산은 이기적이기 쉽다는 말이다. 내가 모든 관계에 공평한 셈법을 하고 있다고 생각하는 건 착각에 가깝다. 또한 모든 관계에 대차대조표를 들이대는 것도 바람직한 일은 아니다. 플러스와 마이너스를 시시때때로 따지다 보면 머리가 복잡해지거나 관계 유지가 오히려 힘들어질 수 있다.

대차대조표를 굳이 들이댈 필요가 없는 인간관계는 아름답다. 그러나 가까운 사이를 핑계 삼아 끊임없이 나에게 일방적으로 받으려고만 하는 이들의 말까지 수용할 필요는 없다. 친밀함만으로 모든 걸 해결할 수 없다. 건강한 관계에는 '존중'과 '적절한 균형'이라는 게 존재한다.

··· Chapter 4

지치고
힘들어도
다시 일어나는 법

화양연화는 아직 끝나지 않았다

&

휴직 전 마지막으로 학교에 근무했던 해. 그해는 여러모로 축복받은 1년이었다. 내가 소속되어 있던 부서의 부장님은 더없이 온화하고 사려 깊은 분이었다. 같은 사무실을 쓰던 동료들과도 궁합이 잘 맞았다. 당시 고3 담임이라 진학지도나 야간자율학습 감독으로 야근이 잦았지만, 그런 부담감은 견딜 만하다 느낄 정도로 업무 환경이 흡족했던 해였다. 경력 10년 차에 근접해가는 시기였기에 업무 능력에 대한 자신감도 최고조였다. 수업이나 생활지도에 대한 노련함도 나름 쌓여 있었다.

결혼 3년 차였으나 아이는 갖지 않은 때였다. 신혼의 자유로움을 한창 즐겼다. 여유가 생기면 평일 저녁에도 커피숍이나 도서관에 가서 글을 쓰거나 공부를 하며 일과를 보냈다. 가까운 이들과 틈틈이 콘서트나 공연에 가는 일도 일상 속 특별한 즐거움이었다. 일하는 중간 실없는 농담을 주고받을 수 있는 동료들과 지인들, 업무 능력에 대한 자신감, 일상에서의 자유로움과 안정감, 되돌아보면 그 모든 것을 갖추었던 화양연화(和樣年華)와 같던 시기였다.

아이를 낳고 일을 오랫동안 쉬며 자신감이 떨어져 있던 시기, 나는 그해를 자주 회상했다. 사람들과의 대화 도중 그 시절의 이야기를 꺼낼 수 있을 때면 수그러졌던 어깨가 절로 펴졌다. 단순히 옛 시절이 좋았다는 그리움 정도가 아니었다.

최근 들어서도 당시의 내가 자주 떠올랐다. 점심시간에 무리지어 다니며 대화를 나누는 직장인들을 우연히 볼 때마다 그 시절 동료들과의 시간이 생각났다. 밤거리 커피숍에 앉아 공부를 하거나 수다를 떠는 이들을 볼 때에는 당시의 자유롭던 나를 회상했다.

그런데 즐거웠던 시절을 떠올리는데도 불구하고 기분은 경쾌하지 못했다. 오히려 마음이 아렸다. 어떤 형태의 노력을 기울여도 그 시절의 나로 돌아가는 건 불가능하다는 사실을 알았으니까. 과거에 얽매이지 말자고 그토록 다짐했건만, 빛나는 시절과 현재의 모습을 무의식적으로 비교하는 나를 발견했다.

이따금 나처럼 과거를 살아가는 사람들을 만났다. 가장 빛나던 옛 시절의 모습을 거울삼아 스스로를 바라보던 사람들. 과거의 옛사랑 이야기를 자랑스레 읊던 지인, 직장 커리어가 최고조에 이르렀던 시절을 늘 언급하던 동료, 모두 그 시절의 하이라이트를 반복해 훑고 있었다. 그들은 과거의 즐거운 시절을 도돌이표처럼 되풀이했다. 가끔 그들의 모습에서 과거를 그리워하는 나를 발견하곤 했다.

튤립은 왜 정물화의 주요 소재가 되었을까

화려한 옛 시절을 투영하기에 '꽃'만큼 좋은 대상은 없다. 많은 이들이 그러하듯, 나 역시 꽃이 만들어내는 풍경을 볼 때마다 인간의 피고 지는 계절을 떠올린다.

16세기 네덜란드에서 활동하던 암브로시우스 보스샤르트 1세(Ambrosius Bosschaert the Elder, 1573-1621)라는 화가가 있다. 보스샤르트는 자신만의 정물화 장르를 구축했던 예술가다. 특히 꽃과 벌레, 조가비 등과 함께 놓인 꽃병을 즐겨 그렸는데, 그중에서도 인상적인 작품이 〈창턱에 놓인 꽃병〉이라는 그림이다.

그림에는 아치형으로 생긴 창문턱에 꽃병이 하나 놓여 있다. 붉은색과 노란색, 푸른색을 띤 꽃들이 저마다의 아름다움을 뽐내고 있다. 특이한 무늬를 한 튤립의 자태가 가장 먼저 눈에 띈다. 튤립 외에도 장미와 아이리스 등 다양한 종류의 꽃이 자리하고 있다. 그러나 자세히 살펴보면 그림 속 꽃들은 생동감 넘치는 아름다움만 전달하는 건 아니다. 화병 속 꽃들은 제각기 다른 시절

암브로시우스 보스샤르트 1세, <창턱에 놓인 꽃병>, 1618

을 보내는 중이다. 한창 봉오리를 피어내는 꽃이 있는가 하면, 화려한 시절을 보낸 뒤 조용히 시들어가고 있는 꽃도 있다. 벌레가 갉아 먹어 구멍이 뚫린 장미 잎사귀가 보이는가 하면, 아예 창문턱에 떨어져 그 생명을 다해가는 줄무늬 카네이션도 눈에 띈다.

꽃은 화려한 아름다움의 상징이기도 하나, 한편으로는 피어올랐다가 시들어버리는 인생의 한 장면을 의미하기도 한다. 17세기 상업과 무역의 부흥으로 전성기를 누렸던 네덜란드에서는 이처럼 인생의 유한함, 생의 부질없음을 전달하는 정물화 장르를 '바니타스화'(Vanitas는 라틴어로 헛되고 덧없는 것을 뜻한다)라 불렀다. 주로 꽃과 함께 해골, 썩은 과일, 연기나 모래시계, 악기 등을 그림에 나타내는데, 이런 사물들은 '죽음'이라는 인간의 숙명을 상징한다. 현세에 추구하는 인간의 욕망이 얼마나 부질없고 헛된 것인지 알려주는 역할을 한다.

바니타스화에 등장하는 꽃 중에서도 단연 눈에 띄는 것은 튤립이다. 네덜란드인들이 사랑하는 꽃이기에 잦은 등장이 당연해 보이지만, 그 이면에는 나름의 역사적 맥락도 존재한다. 튤립은 본래 터키를 원산지로 하며 16세기에 네덜란드에 전파된 원예작물이다. 상거래를 통해 부(富)를 축적하던 네덜란드인들은 터키에서 건너온 이 꽃의 아름다움에 매혹되었다. 튤립은 점차 부를 과시하는 상징이 되었다. 처음에는 단순히 관상용으로 소비되었지만, 꽃의 구근은 얼마 후 투기의 대상으로 변모했다. 현대인들이 주식의 미래 가격을 예측하듯, 뿌리로 어떤 형태의 꽃을 피워

필리프 드 샹파뉴, 〈바니타스〉, 1671

헨드리크 게리츠 포트, 〈플로라와 바보들의 수레〉, 1637-1638

튤립 투기의 상황을 풍자한 작품. 튤립을 든 꽃의 여신 플로라와 그녀가 탄 수레를 따라가는 군중들의 모습을 통해 인간의 어리석은 욕망을 표현하고 있다.

낼 것인지를 예측하며 당시의 네덜란드인들은 튤립 구근을 사들였다. 튤립 구근 하나의 가격이 목수나 재단사의 1년 수입을 웃도는 경우도 있었다. 특히 튤립을 다른 꽃가루와 수분할 경우 특이한 무늬를 가진 튤립이 탄생했는데, 이 기형 튤립의 인기가 남달라서 그 가격이 집 한 채 값에 맞먹기도 했다.

튤립의 터무니없는 가격 거품은 꽤 오랫동안 이어졌으나, 결국에는 끝을 맞이했다. 어느 순간부터 사람들은 과도하게 오른 튤립 가격에 불안감을 느꼈다. 튤립을 구매하려는 사람은 급격히 줄어들었고, 사들인 튤립을 되팔려는 사람만 늘어났다. 투매 심리가 우세해지자 튤립 가격은 불과 4개월 만에 99%가량 급락했다. 튤립 투기에 전 재산을 바쳤다 파산하거나 빚을 지는 사람들이 생겼다. 자본주의 역사상 최초의 버블경제라 불리는 튤립파동은 이처럼 허무한 결말을 맞았다.

이 떠들썩한 사건 이후로 튤립은 바니타스화의 단골 소재로 등장했다. 한순간 피어났다 사그라지는 세속적 쾌락, 경제적 번영, 그리고 아름다운 인생의 찰나를 상징하는 꽃이 되었기 때문이다. 꽃을 둘러싼 역사적 사건을 떠올려보면 보스샤르트의 그림 속 튤립의 모습은 꽤 의미심장하게 느껴진다. 힘없이 시들어가는 튤립의 모습을 보면, 모든 계절과 시절은 찰나와 같이 흘러간다는 사실을 깨닫게 된다.

그렇다면 바니타스화 속 꽃은 삶의 덧없음과 공허의 의미만 담고 있을까? 반드시 그렇지는 않다. 인간의 삶이 유한하다면, 가장 소중히 대해야 할 시간이 무엇인지 알려주는 전령의 역할도 한다. 찰나와 같이 지나가는 순간, 그것은 과거뿐만이 아니다. 인간의 유한한 삶을 생각하면 현재를 붙잡아 살아가는 일은 무엇보다 중요한 일이 된다. 그래서 바니타스화가 건네는 '메멘토 모리(Memento Mori)'라는 말은 '죽음을 기억하라'는 메시지인 동시에 '현재를 살아내라'는 무언의 명령을 상징한다. 과거의 망령에 사로잡히거나 미래의 불안에 잠식당하지 말고 지금 이 순간을 살아내야 한다는 메시지를 작품은 전달한다.

지나간 순간을 인정할 때 생기는 일

꽃이 피고 진다는 사실을 받아들여야 할 때가 있다. 가장 빛나던 한때는 찰나였으며 이미 지나갔다는 사실. 당연한 진리를 수긍하고 받아들여야 하는 순간이 온다.

철학자 강신주는 저서 『강신주의 감정수업』에서 과거의 절정에 사로잡혀 헤매는 이들에게 다음과 같은 이야기를 전한다. 그에 따르면 모든 꽃나무는 매년 새로운 꽃을 탄생시킨다. 매해마다 피어나는 꽃은 비슷해 보이지만 결코 작년과 같지 않은 꽃이다. 꽃이 지는 광경을 안타까워하면서 바라본다면, 새로운 꽃이 피어나는 광경을 제대로 구경하지 못한다.

되돌아보면 내가 그리워했던 건 과거의 시간 자체가 아니라 '그 시절의 나'였다. 과거의 내가 지니고 있었던 일종의 자신감, 자유로움을 떠올리며 시간을 보냈다. 당시 내 마음과 머릿속을 채우던 자부심과 자유가 대부분 허물어지고 사라졌기 때문이었다. 그러나 지나간 시절에 사로잡히지만 않는다면 나 역시 다른 형태의 화양연화를 맞이할 수 있다. 과거의 반짝이던 내 모습이 아쉽다면, 그 시절의 인연이 유난히 그립다면, 가장 찬란했던 순간으로 돌아가고 싶다면, 이제는 다른 형태의 삶을 살아내야 할 시간이 왔다는 신호다. 과거를 고스란히 재현하려 애쓸 필요 없이 새로운 시기를 맞이해야 한다는 마음의 명령이다.

과거의 편집된 기억이 일종의 착각임을 깨달을 필요도 있다. 영화「화양연화」에는 다음과 같은 말이 등장한다.

"먼지 낀 창틀을 통하여 과거를 볼 수 있겠지만, 모든 것이 희미하게만 보였다."

얼핏 슬픈 이야기로 들리기도 한다. 아름답고 빛나던 과거가 이제 어렴풋하고 희미한 것이 되었다는 이야기니까. 그러나 이 말은 과거를 회상할 때 우리가 흔히 저지르는 착각을 일깨워주는 전언이기도 하다. 많은 이들이 먼지 낀 창틀을 통해 과거의 아름다움과 빛나던 시절을 흐릿한 상태로 기억한다. 과거의 시간 속에도 일상의 지루함, 머리를 쥐어짜게 만들던 고민의 순간은 존재했겠으나, 그런 자질구레한 장면은 기억 속에 휘발된 상태다. 인간의 머릿속 거대한 편집기는 과거를 흐릿한 상태로 미화시키게 마련이니까. 과거가 유독 빛나고 아름답게 느껴지는 건 착시 효과일 수도 있다.

과거의 빛을 좇다 현재가 비루하게 느껴질 때 되새겨보자. 지금 당신은 새로운 형태의 꽃을 피워내고 있는 것임을. 지나간 시절은 다시 돌아오지 않는다. 그리고 과거의 자리에는 더 이상 아무것도 존재하지 않는다. 간단하지만 냉정한 사실을 인정하고 현재를 살아낸다면, 또 다른 계절이 당신에게 찾아올 것이다.

구차한 날에는
구차한 희망을

사회 초년생이던 시절 「그레이 아나토미」라는 미국 드라마를 즐겨 봤다. 종합병원에 근무하는 외과의사들의 이야기를 다룬 드라마였다. 생명을 살리기 위해 고군분투하는 의사들의 모습에 반해 시리즈를 연달아 감상했다. 그런데 어느 순간부터 드라마 속 그레이의 모습과 현실 속 내 모습이 비교되기 시작했다. 그레이는 사람을 살리기 위해 다른 의사들을 설득하고 있는데, 나는 교실에서 "감자 반찬을 바닥에 짓이긴 놈 대체 누구냐"는 질문이나 아이들에게 던지고 있는 게 아닌가. 그레이에 비해 내 일상이 작고 구차하게 느껴졌다. 이렇게 작은 사건의 뒤처리를 도맡아 하다 내 인생이 다 지나가버리는 건 아닐까 걱정되기도 했다.

해외살이를 할 때도 이와 비슷한 감정이 찾아오곤 했다. 당시 내가 살던 이슬람 국가는 돼지고기와 술이 금지되어 있는 나라였는데 느닷없이 스팸 통조림이 몹시 먹고 싶은 날이 있었다. 한국에서는 집에 쌓아두고 거들떠보지도 않던 스팸을 간절히 바라고 있다니. 내 상황이 웃프게 느껴졌다. 스팸에 대한 생각은 꼬리를 물고 방향을 바꾸며 점점 커져나갔다. 삼겹살과 수육, 돈가스와 소주의 맛을 상상해보다, 전염병으로 인해 1년째 하고 있는 가정 보육으로 이어졌다. 락다운으로 집 앞 산책조차 금지된 이 상황을 가만히 돌아보았다. 구차한 장면이 반복되는 이 지루한 일상이 끝나기는 할까. 마음속으로 '안 돼'를 외쳤다. 상황이 나아질 거라 기대를 품었다 실망하기를 1년 이상 반복하던 때였다. 밝은 미래를 꿈꿔볼 마음의 힘이 이미 바닥나 있었다. 답 없는 질문을 던질 때도 있었다. 앞으로도 삶에는 지루하고 구차한 장면이 이어질 텐데, 그 모든 걸 견뎌낼 만큼 인생이 가치 있는 걸까? 한번 다가온 물음은 떠나가지 않았다.

단 하나의 코드 찾기,
〈희망〉

이렇게 내 삶이 구차한 장면으로 이어진다 생각될 때, 희망을 그림으로 표현한 조지 프레데릭 와츠(George Frederic Watts, 1817-1904)의 작품을 떠올려본다.

와츠는 19세기 영국 빅토리아 시대를 살던 예술가였다. 피아

(좌) 조지 프레더릭 와츠, 〈미노타우로스〉, 1885
(우) 조지 프레더릭 와츠, 〈사랑과 죽음〉, 1885-1887

노 기술자 일을 하는 아버지 밑에서 태어나 어릴 때부터 그림에 재능을 보였다. 18세에 영국의 로열아카데미(왕립 미술원)에 들어갔으며 웨스트민스터사원 벽화 공모에서 1등을 차지하며 뛰어난 실력을 보여주었다.

와츠는 내성적인 성향의 예술가였다. 세상과 타협하지 않는 성격도 지니고 있었다. 한때 '영국의 미켈란젤로'라는 말을 듣기도 했으나 예술에 좀 더 집중하고 싶었던 그는 고국을 떠났다. 그리고 21년 동안 이탈리아에 머무르며 자유로운 삶을 살았다. 그는 당시의 예술적 흐름이었던 상징주의나 낭만주의에 부합하는 그림을 그리지 않고 자신만의 세계를 구축해 작품을 남겼다. 주로 사랑, 인생, 죽음, 시간 등을 우화처럼 그려내는 경우가 많았다. 특히 그가 1886년에 그린 〈희망〉은 인간의 삶에 진정한 희망이 무엇일지 묵직한 질문을 던지는 작품이다.

눈에 붕대를 감은 소녀가 보인다. 소녀가 앉아 있는 곳은 물 한가운데 위치한 작은 구(球)다. 맨발의 위태로운 자세의 소녀는 얇고 누추해 보이는 옷을 입고 있다. 끌어안고 있는 리라(수금)는 줄이 끊겨 있는 데다 쇠사슬에 묶여 있다. 소녀는 악기의 소리를 듣기 위해 귀를 기울여보지만, 아무것도 듣지 못할 가능성이 크다.

그림을 바라보는 감상자들은 머릿속에 비슷한 물음을 떠올리게 된다. 소녀의 상황은 절망과 외로움이 가득해 보이는데 작품의 제목이 어째서 〈희망〉일까. 답은 소녀가 들고 있는 리라에 숨어 있다. 악기의 줄은 대부분 끊겨 있지만 단 한 줄의 현이 남아 있다. 와츠는 그림의 제목에 대해 묻는 이들에게 "단 하나의 코드로라도 연주할 수 있다면 그것은 희망"이라 말한 바 있다.

〈희망〉은 다양한 유명인들의 사랑을 받는 작품이기도 하다. 미국의 44대 대통령 버락 오바마(Barack Obama)는 2004년 민주당 전당대회에서 이 그림을 언급한 바 있다. 그는 이 그림에서 영감을 받아 소외된 이들을 위한 '담대한 희망'을 외쳤다. 남아프리카공화국의 인권운동가이자 최초의 흑인 대통령 넬슨 만델라(Nelson Mandela) 역시 26년 동안 옥살이를 하며 〈희망〉을 감방 벽에 붙여놓고 바라보았다는 일화가 전해진다.

조지 프레더릭 와츠, 〈희망〉, 1886

거창한 질문에
구차하게 답하기

와츠의 〈희망〉을 보고 내게 남은 단 하나의 코드에 대해 생각해 보았다. 나는 쉽게 절망을 느끼는 편이었다. 날 이해하지 못하는 누군가의 한마디, 작은 실패의 경험, 하기 싫은 일을 억지로 해야 하는 순간 등 크고 작은 일로 마음이 헛헛해지고는 했다. 반대로 희망은 너무 거룩한 이름이라 머릿속에 떠올려본 일이 거의 없었다. 커다란 성공이나 굉장한 이벤트가 나를 행복으로 이끌 희망이라 생각했다.

언젠가 래퍼 타블로의 강연을 본 적이 있다. 그는 강연을 듣는 이들에게 '내일이 오지 않았으면 하는 이유'와 '내일이 오면 좋을 이유'를 적어보라고 말한다. 이렇게 해보면 사람들은 비슷한 패턴을 보인다고 한다. 대개 내일이 오지 않았으면 하는 이유에는 시시콜콜한 것들—예컨대 '만나기 싫은 사람을 봐야 하기 때문에', '출근하기 싫어서' 같은 것들—을 빈칸에 빼곡히 적는 반면 내일이 왔으면 하는 이유는 채우기 어려워한다는 거다. 희망에는 거창한 일을 적어야 한다는 고정관념이 존재하기 때문이라고 그는 말한다.

이야기를 듣는 순간 깨달았다. 며칠간 스스로에게 던진 거창한 질문이 오히려 내 인생을 힘들게 만들고 있었음을. 먼 훗날을 걱정하며 삶의 의미나 행복을 찾아 헤맸으나 답은 나오지 않고 마음만 괴로워졌다. 먼 미래는 내가 장담할 수 있는 영역이 아니었으니까.

오히려 오늘과 내일, 앞으로 다가올 며칠 정도를 생각하며 무언가를 기대할 때에는 일상에 생동감이 있었다. 고대하는 영화의 개봉일을 기다리거나, 한없이 수다를 떨 수 있는 친구와의 만남을 기다리는 일만으로도 며칠을 즐겁게 보낼 수 있었다. 어떤 배우에게 빠져 있던 시기에는 매일이 설레었다. 그 배우가 나오는 드라마의 방영일이나 그가 참가할 시상식을 기다리는 것만으로도 하루를 버틸 수 있었다. 나는 오랫동안 그런 작은 설렘의 순간들을 잊고 있었다.

그걸 깨닫고는 거창한 질문을 머리에서 잠시 내려두고 내일이 기다려질 만한 일을 찾아보았다. 밤마다 드라마와 영화 보는 재미를 오랫동안 놓치고 있었다는 사실이 떠올랐다. 오랜만에 넷플릭스를 켜서 드라마를 보고, 좋아하는 영화도 찾아보았다. 인터넷 쇼핑몰에서 나에게 어울릴 만한 옷을 찾아보며 시간을 보내기도 했다. 친구를 만나면 나눌 농담거리를 미리 생각해보며 웃기도 했다. 일주일에 한 번, 목요일은 한국 음식을 배달시켜 먹는 날로 정했다. 자연히 목요일을 기다리며 한 주를 보내게 되었다. 일상은 똑같이 흘러갔지만 기대할 것이 생기니 더 살 만해졌다.

삶이 구차하게 느껴질 때가 있다. 남들에 비해 초라한 인생을 왜 붙잡고 지내야 하는지 의미를 찾다 우울에 빠지는 순간도 온다. 거창한 일에서만 희망을 찾다 보면 웬만한 일은 모두 절망이 될 수 있다. 이런 때는 삶의 가치, 인생의 의미 같은 거대한 물음을 접어두고 며칠간 설렐 일을 찾아보는 편이 차라리 낫다. 머릿속 생각이 아니라 작은 행동으로 옮길 수 있는 일이 도움이 된다. 시시껄렁한 농담을 나눌 수 있는 친구와의 약속, 좋아하는 연예인 덕질, 달달한 간식, 저녁마다 하는 산책 같은 소소한 것들이 며칠 동안의 행복을 비축하는 데 도움이 된다. 행복과 설렘이 비축되어야 새로운 일을 시작할 의지도 용기도 솟아나고, 장기적인 계획을 세워볼 마음의 여유도 생긴다.

타인의 화려한 삶에 적당히 관심을 끌 필요도 있다. 우리는 다른 사람의 '편집된 삶'을 시시각각 볼 수 있는 시대를 살아간다. 방송과 SNS는 좋아 보이는 모습만 매끄럽게 편집된 상태로 타인의 인생을 비춰준다. 남과 나를 비교하며 자괴감이나 헛헛함을 느끼기 쉽다. 조합과 배율은 조금 다를 수 있지만 모든 이들의 삶은 화려한 장면과 그렇지 않은 장면이 교차하며 흘러간다. 누구나 인생의 초라한 순간을 어느 정도 견뎌내며 살아감을 기억할 필요가 있다.

이제는 인생의 구차한 장면이 완벽히 사라질 거라고 기대하지 않는다. 내가 상상하는 삶의 하이라이트는 극히 일부에 불과함을 알게 되었으니까. 나는 여전히 삶에 무한히 감사하며 지내는 인간이 아니다. 다만 생의 의미를 파고들며 자기 파괴적인 생각을 반복하는 일도, 인생을 너무 처절하게 해석하는 일도 놓아두기로 했다. 인생의 구차한 장면을 모두 삭제하는 대신, 차라리 그 장면을 돌아보며 킬킬거리기로 마음먹었다. 삶이 구차한 장면으로 가득 차 있다고 느껴지면 구차한 희망으로 맞서기로 결심했다.

열정이
번아웃으로
변하지 않도록

&

2020년 12월 말, 그해 마지막 원고의 마감을 끝냈다. 9월부터 서너 달 동안 매일 원고를 썼다. 4개월 동안 청소년 교양서를 두 권 집필하는 일정이었다. 주 1회 온라인에 글을 발행하는 일도 병행했다. '글 쓰는 일을 한다'는 얘기를 들으면 사람들은 어떤 상상을 할까? 햇살이 쏟아지는 창가에 앉아 커피를 즐기며 여유롭게 타이핑하는 우아한 사람의 모습을 떠올리지 않을까? 하지만 모든 일이 그렇듯 현실과 상상 사이에는 괴리가 존재하는 법. 현실의 나는 산발을 한 채 식탁에 앉아 애 밥을 한 입씩 떠먹이며 자판을 두드리고 있었다. 그럼에도 마음 한구석에 자부심이 가득했다. 스스로를 열정적이라 생각했으니까. 무언가에 미쳐 있다는 건 열정의 상징과 같은 것 아닌가.

매일 정해놓은 글쓰기 분량을 채우려면 육아, 요리, 글쓰기 외에 다른 일로 시간을 보내는 건 허용할 수 없었다. 친구와 전화 통화를 30분 이상 할 경우, 그날의 글쓰기 분량을 다 해결하지 못할 게 뻔했다. 누군가와 대화를 하고픈 욕구도 꾹 눌렀다. 결혼 생활 동안 단 한 번도 놓지 않았던 가계부 쓰기는 이미 6개월 이상 미뤄둔 채였다. 가끔 일에 압사할 것 같은 순간이 왔다. 숨이 찼다. 그때마다 스스로를 달랬다. '12월이 언젠가 온다. 마감을 끝내면 나는 쉴 수 있어.'

힘겨운 순간에도 끝은 존재한다. 12월 중순이 돌아왔고, 무사히 원고 마감을 끝냈다. 새해까지 2주 동안 자체 휴식의 시간을 갖기로 결심했다. 온라인에 발행하던 글도 연말까지 쉬겠다고 공지했다. 다음 원고에 대한 계획도 1월까지 모두 미뤄두었다.

그런데 막상 휴식 기간이 시작되자 기묘한 일이 벌어졌다. 쉬는 게 불안해지기 시작한 것이다. 뭘 하면서 쉬어야 할지 궁리할 때마다 머릿속이 아득해졌다. 생각의 수도꼭지를 틀어놓은 것처럼 머릿속 상념도 폭주했다.

'이렇게 쉬어도 괜찮을까?'

'이럴 시간에 뭔가 의미 있는 일을 해야 하는 것 아닐까?'

하루에도 몇 번씩 '이렇게 가만히 있을 때가 아닌데'를 되뇌었다. '휴식'이라는 단어에 죄책감이 입혀졌다. 별다른 이유 없이 스마트폰으로 메일함이나 SNS를 들여다보았다. 일하지 않기로 결심한 시간에도 글 쓰는 생각을 하거나 다른 이들의 글을 읽고 있었다. 처음에는 내가 이토록 일에 열정적인 인간이었나 생각했지만, 점차 이상하다는 느낌이 들었다. 원래 나는 드라마든 만화책이든 흥미로운 볼거리에 몰입하면 시간의 흐름을 잊는 타입이었다. 그런 내가 온데간데없이 사라진 듯, 어떤 것에도 몰입할 수 없었다. 그렇다고 노트북을 열고 일을 한 것도 아니었다. 결국 제대로 쉬지도, 놀지도 못한 상태로 연말이 지나갔다.

문제는 어정쩡한 휴식의 기간을 보낸 뒤 글을 다시 쓰기 시작했을 때 나타났다. 두통이 밀려왔고 눈도 급작스럽게 나빠졌다. 느닷없이 모든 게 공허하게 느껴졌다. 무기력과 고립감도 차례로 찾아왔다. 그동안 무엇을 위해 치열하게 달려온 거였지? 노력과 열정이 현대사회의 미덕이라지만, 이렇게 건강과 일상이 엉망이 된다면 모든 게 허무한 짓 아닌가? 내 열정은 무얼 위한 것이었지? 이게 열정이 맞긴 했던 건가? 의문이 밀려왔다.

삶이 무기력해지는 순간, 〈삶에 지친 자들〉

삶에 지치는 순간, 무기력한 감정에 휩싸인 인간의 모습. 그 어두운 모습을 절묘하게 화폭에 담아낸 화가가 있다. 페르디낭 호들러(Ferdinand Hodler, 1853-1918)라는 스위스의 상징주의를 대표하는 예술가다.

호들러는 1853년 스위스 베른에서 가난한 목수의 아들로 태어났다. 여덟 살에 아버지와 동생을 결핵으로 잃었고, 몇 년 후 어머니까지 여의며 고아가 되었다. 어린 시절부터 가까운 이들의 죽음을 보았던 경험은 이후 화가의 작품 세계에 영향을 미친다. 호들러를 보살피던 양아버지가 장식화가였기에 자연스럽게 그림에 관심을 가지게 되었고, 이후 풍경화가 페르디낭 좀머(Ferdinand Sommer) 밑에서 조수로 일하며 자연을 그리는 방법을 배웠다. 1871년에는 제네바로 가서 회화를 배우며 유럽 거장들의 작품을 접했고, 1890년에는 파리 여행에서 고갱이나 귀스타브 쿠르베(Gustave Courbet), 조르주 쇠라(Georges Seurat)의 풍경화를 보며 많은 영향을 받기도 했다.

호들러 역시 처음에는 사실주의나 자연주의의 영향을 받아 인물이나 풍경을 캔버스에 있는 그대로 담아냈다. 그러나 시간이 갈수록 당대의 흐름에 흔들리지 않고 자신만의 예술 세계를 쌓아

페르디낭 호들러, 〈밤〉, 1890

나갔다. 자연의 모습을 그대로 표현하기보다 생각과 관념을 담아 풍경을 단순하고 명료하게 그리기 시작했다.

그의 독특한 작품 세계는 인물을 그린 그림에서도 두드러진다. 특히 대상을 병렬적으로 구성하여 삶과 죽음, 사랑 등의 추상적인 개념을 화폭에 담아냈다. 1890년 파리에서 발표한 〈밤〉을 살펴보면 그 특징이 고스란히 드러난다. 잠들어 있는 남녀, 놀란 듯 깨고 있는 남성, 그를 깨운 검은 형체(죽음으로 해석된다) 등은 비현실적인 분위기를 자아낸다. 어릴 때부터 가족의 죽음을 경험해온 호들러였기에 삶과 죽음에 더 많은 관심을 기울였을 거라는 해석이 존재한다.

병렬 구성으로 이루어진 그의 그림 속 인물들은 환상 속 존재처럼 느껴지기도 하고, 종교의식을 치르는 사람들로 보이기도 한다. 이러한 작품 세계를 통해 호들러는 상징주의 화가로 자리 잡았다.

다음은 그의 대표적인 작품 중 하나인 〈삶에 지친 자들〉이다. 호들러의 작품답게 다섯 명의 인물이 병렬로 구성되어 있다. 정확한 윤곽과 간소한 색채를 보여주는 것도 호들러 작품의 특징이다.

가운데에 자리한 남자가 가장 먼저 눈에 띄는 인물이다. 그는 고개를 꺾고 지친 자세로 앉아 있다. 비쩍 마른 얼굴과 몸, 남루한 옷차림이 위태로워 보인다. 그의 양쪽에 앉은 네 명의 남자들은 수도사 같은 옷차림을 하고 있다. 엄숙한 표정의 남성들은 손깍지를 끼고 기도하는 듯 보인다.

페르디낭 호들러, 〈삶에 지친 자들〉, 1892

다섯 명의 사내는 조금씩 다른 모습을 하고 있지만 공통점이 있다. 표정이나 눈빛에 공허감이 엿보인다는 점이다. 같은 공간에 앉아 있지만, 아무런 상호작용 없이 그저 지친 표정을 드러내고 있다.

죽음, 질병 등 관념적인 주제를 화폭에 담아내곤 했던 호들러는 특히 삶의 고통을 표현하는 데 관심이 많았다. 그림 속 사내들의 지친 기색 역시 인생의 커다란 고통을 이미 겪은 듯한 모습으로 보인다. 이들이 어떤 사연을 가지고 있는지 작품만 봐서는 정확히 알기 어렵다. 그러나 호들러의 작품에 '죽음'이라는 인간의 보편적인 운명을 표현한 그림이 많은 것으로 보아, 〈삶에 지친 자들〉 속 인물들의 고통도 비슷한 시선으로 해석할 수 있다. 사내들은 자기 삶이 무엇을 위해 존재하는지 모르는 가운데, 죽음을 향해 달려가다 지친 것인지도 모른다.

열정이 나를 혹사하지 않도록

호들러의 작품 속 지쳐버린 이들의 눈은 공허함을 담고 있다. 공허는 어디에서 비롯될까. 정확한 삶의 방향을 잃어버렸을 때 오는 경우가 많다. 특정한 목적을 세우고 이를 달성하기 위해 나아가는 건 중요한 일이다. 그러나 목적지를 향해 달리는 동안 우리는 이따금 실수를 저지른다. 양 눈 옆을 가린 채 달리는 말처럼 시야를 좁히고 스스로를 채찍질한다. 목표를 향한 전진이 맹목적인 달리기로 변질되는 순간이다.

삶에 맹목적인 열정이 끼어들면 어떤 일이 벌어질까. 가령 나는 번아웃이 오기 직전까지 통제 불가능할 정도로 일을 벌였다. 글 쓰는 일을 거절하면 그 일이 다시는 나에게 돌아오지 않을 거라 생각했기에 거절하지 않고 다 받았다. 마감도 늦추지 못했다. 마음 한구석에 강박관념이 있었다. 웬만한 일은 모두 할 수 있으며 능력의 최고치를 발휘해야 한다는 생각. 그 모든 걸 해낼 수 있다고 내심 자신했었다. 결과적으로 내 열정은 목적 없는 달리기가 되었다. '왜 달리는지' 잊어버린 채 그저 불안감에 스스로를 채찍질하는 달리기. 처음에는 '나를 위한 열심'으로 시작한 일이, 뒤로 갈수록 '일 수습을 위한 열심'으로 변했다.

살펴보니 나처럼 쉬지 못하는 사람들이 곳곳에 있었다. "나는 아무것도 하지 않았는데"라고 말하지만, 가만히 살펴보면 스마트폰을 보던 집안일을 하던 늘 머리와 손이 분주히 움직이고 있었다. 특정 목적을 위해 24시간 달리고 모든 시간을 효율적으로 알차게 써야 한다는 강박관념에 눌려 있는 사람이 많았다.

이런 끊임없는 분주함의 밑바탕에는 무엇이 있는 걸까? 바로 '너는 뭐든지 할 수 있다'는 과잉 긍정의 덫이 있었다. 재독 철학자 한병철의 『피로사회』에 따르면 21세기의 개인은 경쟁의 논리를 내면에 새기고, 성과의 주체로 살아간다. 전근대사회처럼 바

같으로부터의 규율은 필요 없다. '뭐든지 할 수 있다'는 내면의 논리가 이미 규율로 작용하기에, 분주하게 움직이며 스스로를 착취하지 않고서는 견딜 수 없기 때문이다. 성과를 향해 달려가라고 스스로를 채찍질하며 능력을 긁어내다 결국 자신의 모든 걸 소진하는 시기가 오는 것이다.

번아웃을 심하게 겪으며 내 한계에 대해 생각해보았다. 글을 쉬지 않고 쓰는 일은 사람으로서 불가능하다. 여러 가지 일을 끊임없이 벌이려는 습성을 버려야 함을 느꼈다. 열정도 내 능력치의 한계 내에서 발휘해야 효과가 있다는 생각이 들었다.

휴식의 필요성도 깨달았다. 아무것도 생각하지 않는 시간을 늘렸다. 눈이 나빠졌다 느낀 후, 일부러 음악만 튼 채로 아무 생각 없이 10분 동안 가만히 앉아 있어 보았다. 쉬운 일이 아니었다. 몸을 비비 꼬며 스마트폰을 찾는 나를 발견했다. 쉬는 것조차 점진적인 연습이 필요한 것임을 알 수 있었다. 쉬기 위해 새로운 시도를 해보았다. 재미있는 동영상을 찾아 헤매는 것도, 브런치 글을 들여다보는 것도 관두고 눈을 감았다. 눈과 머리를 쉬게 하고 귀만 열어두니 마음의 여유가 찾아왔다.

내 자신에게 건네던 말도 되돌아보았다. '왜 더 열심히 달리지 않아', '너 이렇게 쉴 때가 아니야', '정신 차리고 다시 움직여야지'. 스스로를 채찍질하는 언어가 대다수였다. 마음속 말을 바꿔보았다. '그 정도면 충분하다', '할 수 있는 데까지 했으니 쉬자'는 이야기를 건넸다.

삶의 우선순위와 행동도 바꿨다. 질문을 던지는 게 첫 번째 단계였다. '만약 오늘이 나의 마지막 날이라면 어떤 일을 최우선으로 하게 될까?' 곰곰이 생각해보니 스스로를 잘 챙겨주고, 사랑하는 사람을 한 번 더 살펴보는 게 1순위라는 단순한 답이 돌아왔다. 글을 쓴답시고 밥을 제시간에 먹지 않고, 잠을 제대로 자지 않던 습관을 바꾸었다.

치열하게 달리다 지금껏 왜 이렇게 노력하고 안달하며 지냈는지 근본적인 의문이 들 때가 있다. 공허하거나 무기력해져 좋아하는 사람조차 피하게 되는 번아웃의 시기. 그러나 뒤집어보면 번아웃은 '네가 달리고 있던 목적이 무엇인지, 균형을 맞추어 잘 살고 있는지 다시 돌아보라'며 몸과 마음이 보내는 신호다.

'뭐든지 할 수 있다'는 긍정의 압박을 내려놓고 쉬어도 좋다. 열심히 해야 한다는 생각도, 쉬는 나를 게으르다 탓하는 것도 멈춰보자. 달리기의 방향을 재정비하는 게 최우선이다. 열정이 혹사로 변하지 않으려면.

인생 고민에 대처하는 자세

&

고등학교 3학년 시절, 당시 최대의 고민은 오르지 않는 모의고사 점수였다. 1, 2학년 때 벼락치기로 모든 시험을 해결해왔던 습관은 3학년이 되자 발목을 붙잡았다. 평소 수능시험 준비 따위는 하지 않았고, 차곡차곡 쌓인 실력이라는 것도 존재하지 않았다. 고3이 되어 처음 치른 모의고사 때부터 성적은 지지부진했다. 30점 정도만 올리면 좋은 대학에 갈 수 있을 것 같은데 수능시험에서도 이 점수를 받으면 어떻게 하지? 수능을 망치면 인생 망하는 건가? 머릿속엔 온통 '성적'과 '대입'이라는 두 단어만 빙글빙글 돌아가던 시기였다.

올라가지 않는 성적에 전전긍긍하던 그즈음, 문학 시간이었다. 처음 보는 낯선 교사가 교실 안으로 들어섰다. 50대 중반 정도 되었을까. 얼굴 주름이 꽤 깊어 보였다. 우리의 인사를 받고

빙긋이 웃던 그는 한마디 말을 내뱉었다.

"이제부터 너희들에게 내 인생 이야기를 들려주려고 한다."

보강을 들어왔으니 자습을 하라거나, 문제집 풀이를 해주겠다고 할 줄 알았는데, 예상치 못한 말이었다.

그는 본인의 출생에서 시작되는 긴 이야기를 꺼냈다. 태어나자마자 할머니에게 자신을 맡기고 어디론가 떠나버린 부모님, 하반신 장애가 있던 고모와 나이 지긋한 할머니 밑에서 자랐던 어린 시절의 기억, 학창 시절 사고를 많이 쳐 할머니 속을 썩였던 이야기, 뒤늦게 정신 차려 야간 대학에 입학했던 일화, 대학 졸업 뒤 사회인이 되고 한창 잘 나갔던 시기, 행복한 시절을 비웃듯 갑자기 찾아온 커다란 교통사고와 그로 인한 후유증 등등. 이야기를 이어가며 그는 칠판 위에 긴 그래프를 그렸다. 일종의 '인생 그래프'였다. 고통과 절망의 순간을 이야기할 때 그래프는 하강 곡선을 그렸고, 환희의 순간에 대해 말할 때 곡선은 위로 치솟았다. 꽤 긴 이야기였음에도 지루하지 않았다. 타고난 이야기꾼이라 명명해도 될 만큼, 그는 훌륭한 스토리텔러였다. 늘 거친 욕설을 내뱉던 우리 반 일진 하나가 이야기를 듣던 중 감동의 눈물을 줄줄 흘릴 정도로.

긴 이야기를 끝내고 그는 칠판 위 자신의 인생 그래프를 가만히 바라보며 말했다. 정확한 워딩은 기억나지 않지만, 대략 다음과 같은 이야기였다.

"너희는 수능시험을 앞둔 고3이지. 지금은 수능이 너희의 인생을 결정할 대단한 고난으로 보일 거야. 주변에서도 전부 그런 이야기를 할 테고. 그런데 그 시험, 인생 전체의 흐름에서 살펴보면 실은 잔물결에 불과해. 너희가 살면서 마주치는 고민과 문제, 커다란 파도처럼 느껴지는 문제가 알고 보면 대부분 그런 거야. 일종의 잔물결 같은 거."

이야기를 마친 후 그는 조용히 교실을 빠져나갔다. 50분에 불과한 짧은 시간이었지만, 20여 년이 지난 지금까지 그날의 수업은 머릿속에서 잊히지 않는 풍경이 되었다.

그는 왜 다(多)시점으로 그림을 그렸을까, 〈병과 사과 바구니가 있는 정물〉

인생 속 다양한 고민을 마주해 머릿속이 어지러울 때마다, 20년 전 칠판에 그려져 있던 인생 그래프를 떠올려본다. 삶에 밀려오는 파도를 잔물결처럼 느끼고 싶을 때면, 폴 세잔(Paul Cézanne, 1839-1906년)의 정물화를 바라보며 힌트를 얻는다.

후기 인상파의 대가인 세잔은 사과 그리는 걸 즐겼다. "사과 한 알로 파리를 정복하겠다"는 자신만만한 한마디를 던진 일화도 유명하다(덕분에 성경 속 아담과 이브의 사과, 아이작 뉴턴(Isaac Newton)의 사과와 함께 세잔의 사과는 인류 역사에 남은 위대한 3대 사과로 꼽히기도 한다). 사과는 움직이지 않고 한자리에 세워둘 수 있

폴 세잔, 〈병과 사과 바구니가 있는 정물〉, 1890-1894

는 물체였다. 쉽게 썩지 않아 며칠을 놔두며 반복해 그리기 편했으며, 앞면과 뒷면, 위와 아래, 구도를 바꾸어 오랫동안 관찰해 그릴 수 있는 대상이었다. 세잔은 끊임없이 사물의 본질을 탐구하며 그림을 그리던 예술가였다. 이 인내심 강한 탐구자에게 단단한 사과는 최상의 모델이었던 셈이다. 그의 대표작 중 〈병과 사과 바구니가 있는 정물〉을 보면 세잔의 정물화가 가진 독특한 개성을 파악할 수 있다.

그림 속 사물들을 하나하나 살펴보자. 탁자 위에 여러 가지 사물들이 어지러이 놓여 있다. 사과가 가득 담긴 큼직한 바구니, 흰 천 위에 뒹굴고 있는 사과, 그림의 좌우를 나누는 병, 빵이 놓여 있는 작은 접시. 탁자 위에 사물이 놓여 있는 지극히 평범한 풍경인데, 어딘가 위태로워 보인다.

세잔이 그렸던 정물화에는 일정한 특징이 보인다. 평면 위에 자리 잡고 있는 사물임에도 어떤 물건들은 곧 쏟아져 내릴 듯 느껴진다는 점이다. 이 작품을 자세히 살펴보면 그림의 가운데에 위치한 병과 병 앞쪽 탁자에 놓여 있는 사과는 수평 높이에서 관찰해 표현된 모습이다. 그런데 왼쪽의 큼직한 바구니에 담긴 사과는 좀 더 위에서 아래로 내려다보는 시선으로 그려져 있어 곧 앞으로 쏟아질 듯 보인다. 반면 오른쪽에 놓인 사과는 그 색깔이나 광택으로 보아 아래에서 위로 살펴본 모습이다. 분명 하나의 풍경을 그려낸 그림인데 풍경 속 사물마다 관찰 시점이 제각각인 것이다. 병과 사과 바구니가 있는 탁자의 선 역시 왼쪽과 오른쪽

그림 속 탁자의 수평선 높이가 다르다.

높낮이가 다르다. 탁자의 가운데가 대부분 흰색 탁자보로 가려져 있어 눈치채기 쉽지 않으나 탁자의 수평선이 왼쪽은 낮고 오른쪽은 높다.

세잔은 왜 한 폭의 그림을 다양한 시점으로 관찰해 표현했을까? 르네상스 시대부터 대부분의 화가들은 그림을 그릴 때 원근법을 따랐다. 원근법은 가까운 것은 크고 명확하게, 먼 것은 작고 흐리게 그려 입체감을 표현하는 방식으로, 2차원이라는 평면 위에 3차원의 현실을 나타내기에 좋은 방법이다. 그러나 원근법으로 그려진 대상은 엄밀히 말해 사물의 실재가 아니다. 현실을 그럴듯하게 흉내 내고 정돈해 보여주는 것일 뿐이다. 세잔은 이 점에 주목했다.

우리가 어떤 대상을 바라볼 때에도 비슷한 일이 생긴다. 시력

폴 세잔, 〈체리가 담긴 접시가 있는 정물화〉, 1883-1887

검사를 할 때 왼쪽 눈을 가리고 오른쪽 눈으로만 사물을 보면, 두 눈으로 상황을 볼 때와는 미세하게 다른 풍경이 펼쳐진다. 세잔은 원근법에 따라 단 하나의 소실점을 가지고 그림을 그리는 건 한 눈만 뜨고 그림을 그리는 것과 같다고 생각했다. 이렇게 그리는 건 본질에서 멀어지는 일이라 여겼다. 그래서 각각의 사물마다 시점을 달리해 관찰한 다음, 이를 화폭에 옮겼다.

여러 시점에서 바라본 대상을 하나의 평면에 표현하려 했던 세잔의 시도는 이후 큰 인정을 받았다. 파블로 피카소(Pablo Picasso) 등의 입체파 역시 그의 영향을 받으며 새로운 예술의 세계를 구현해냈고, 이러한 이유로 세잔은 '현대미술의 아버지'라는 칭호를 가지게 되었다.

다양한 각도에서 인생 바라보기

세잔의 정물화는 다양한 시점으로 대상을 바라보는 방식을 알려준다. 평소에 잊기 쉽지만, 인생을 그려볼 때에도 소실점을 하나가 아닌 여러 개로 늘리는 방법이 존재하는 것 아닐까. 내 삶에 등장했던 크고 작은 고민을 되돌아봤다. 인생에 중요한 고민이 생길 때마다 나는 주로 문제 안에 빠져들어 허우적대는 편이었다. 대입을 앞둔 고3 때에는 수능시험과 대입에 초점을 맞추어 모든 걸 바라보았다. 직장 사춘기에는 직장 생활이 나에게 맞지 않는 이유만 살펴보며 시간을 보냈고, 아이의 어린이집 적응 시기에는 우리 애가 문제 행동을 보이지 않는지 전전긍긍하며 하루를 보냈다. 나에게 닥쳐온 고민을 한 발 떨어져 바라볼 마음의 여유가 없었다.

그렇게 고민에 빠져 허우적댈 때마다 이따금 고등학교 3학년 그날 수업에서 들었던 이야기를 떠올렸다. 현재 내가 마주하고 있는 고민이 인생의 잔물결일 수 있다는 이야기. 되돌아보니 내 머릿속을 꽉 채웠던 진로 고민과 풀리지 않는 문제는 인생의 긴 흐름으로 보면 흘러가는 일이 대다수였다. 다른 방향이나 각도로 생각해보면 큰 고민이 아닌 경우도 많았고, 의외의 방향에서 해결되는 일도 있었다.

한 가지 고민을 하나의 초점으로 바라보며 그 속으로 파고들어 가면 해결이 요원해지거나, 엉뚱한 선택을 하기 쉽다. 가령 결혼에 대해 고민하던 시기, 나는 '이 남자가 내 짝일까, 아닐까', '친구들이 모두 결혼하는데 나는 언제 결혼을 하는 게 좋을까'에 대해서만 생각했다. 그보다 근본적인 고민과 질문, 예를 들어 '나는 어떤 인생을 살아가기를 원하나', '어떤 행복이 나에게 적합한가'라는 물음을 스스로에게 던져볼 생각은 하지 못했다. 인생의 초점을 한 곳에만 맞추었기 때문에 시야는 도리어 좁아졌다. 고민은 해결되지 않고 상념이 깊어지기만 했다. 결국 남들이 모두 가는 길을 따라가는 편을 택했다.

어떤 고민이 있을 때 한 가지 시점을 고집하다 보면 문제의 본질을 찾기 어려운 상황이 온다. 그러니 머리 아픈 일이 생기면 그 문제 속에 풍덩 빠져들어 바라보기보다, 인생의 조망권을 넓히는 것도 하나의 방법이다. 인간관계 문제에 부딪힐 때는 관계에 대한 고민에서 살짝 벗어나 다른 일을 찾아보는 편이 도움이 되고, 직장이나 육아 고민이 계속될 때는 다른 집중할 거리를 찾아 시야를 넓히는 게 더 나을 수 있다. 다각도로 질문을 바꾸어 상황을 살펴볼 필요도 있다.

인생의 고통이나 고민거리를 마주할 때는 조금 뒤로 물러나 원거리에서, 삶 전체의 흐름에서 이것이 정말 거대한 파도인지 살펴보면 어떨까. 해결하지 못할 고민이 있을 때는 시선과 각도를 바꿔보자. 인생의 소실점은 하나가 아니니까.

허약한 게 아니라
단단해지는
중입니다

&

임용고사를 준비하던 대학교 4학년 가을이었다. 여느 때처럼 기숙사에서 저녁을 먹기 위해 친구들을 찾았는데 아무도 보이지 않았다. 멀뚱히 앉아 있다 기숙사 식당을 나왔는데 친구들이 학교 밖 식당에서 대패삼겹살을 먹고 있다는 이야기를 전해 들었다. 친구들에게 나를 따돌릴 의도가 있던 건 아니었다. 당시의 나는 시험공부를 위해 독하게 달려가던 중이었다. 친구들이 쉬는 시간에 위안 삼아 보던 드라마 「미안하다, 사랑한다」도 함께 보지 않고, 수다나 통화도 극도로 줄였을 정도였다. 그러니 내가 학교 밖으로 나가서 밥 먹는 걸 반기지 않을 거라고 생각한 건 당연했다.

문제는 당시의 내 심리 상태였다. 시험공부 스트레스로 감정 기복이 극에 달해 있었다. 서러운 마음에 그날 기숙사 방에 앉아 펑펑 울었다. 울면서도 자존심이 상하는 건 어쩔 수 없었다. 그깟

대패삼겹살 때문에 내가 이렇게 울고 있다니. 내 마음 그릇이 한없이 작게 느껴지는 순간이었다.

극도의 감정 기복에 시달리는 건 비단 나뿐만이 아니었다. 거의 모든 동기들이 임용 공부의 부작용을 겪고 있었다. 어떤 친구는 TV에서 한 여배우가 영화제 여우주연상을 타고 펑펑 우는 장면을 보고 자신도 모르게 울음이 터져 나왔다고 고백했다. 평소에 절친했던 동기 둘은 갑자기 화가 난 채 다투었다. 모두가 놀라울 정도로 마음이 허약해져 있었다.

누군가 살짝 건드리기만 해도 눈물이 터져 나올 것 같은 상태. 임용고사가 끝나고 비슷한 심리 상태가 다시는 오지 않을 것 같았으나 착각이었다. 코로나가 전 세계를 덮치고 가정 보육을 계속하며 고립된 생활을 이어나가던 시기, 내 눈은 수도꼭지가 된 것처럼 눈물을 쏟아냈다. 이소라의 「바람이 분다」를 듣다가 눈물지었고, BMK의 「꽃피는 봄이 오면」 중 "참 모질었던 삶이었지만 늘 황폐했던 맘이지만"이라는 가사에 오열했다. 누군가의 친절한 말에 감동해서 울고, 무심한 한마디에 상처받아 울었다. 삶의 바닥을 헤집고 다니는 기분을 거의 매일 느꼈다.

괴로움의 터널을 지나던 당시, 이 시간의 의미가 뭘까 하고 이따금 답 없는 질문을 던져보기도 했다. 원래 힘겨운 시간은 아무런 예고나 원인도 없이 찾아오는 거라는 그 무의미함을 문득 깨닫자 마음은 더욱 가라앉았다. 혹시 이 시간이 우울과 상처의 흔적만 남기는 건 아닐까 싶어 마음이 답답해지고는 했다.

영웅의 가장 허약한 면모, 〈오디세우스와 칼립소〉

힘겨운 시간을 지나며 허약해진 내 모습을 발견할 때면, 오디세우스 이야기를 떠올려본다. 오디세우스는 그리스 신화에 등장하는 최고의 지략가이며 이타카 왕국의 왕이었다. '트로이의 목마'라는 전략을 세워 트로이 전쟁을 그리스의 승리로 이끈 영웅이기도 했다. 그러나 트로이 전쟁에서 대활약을 펼친 후, 그의 인생에는 고난이 이어졌다. 사랑하는 아내와 아들이 있는 자신의 왕국 이타카로 돌아가기까지 10년의 지난한 여정을 거쳐야 했다. 그의 험난한 고생길을 담은 이야기는 호메로스(Homeros)의 대서사시 『오디세이아』에 담겨 있다.

10년간의 여정에서 오디세우스는 다양한 시련을 겪는다. 사람을 잡아먹는 외눈박이 괴물 폴리페모스의 동굴에 붙잡히기도 하고, 식인 거인인 라이스트뤼고네스 족의 공격으로 열두 척의 배 중 열한 척이 망가지기도 한다. 배를 타고 가는 길에 지나가는 선원을 노래로 유혹해 죽음에 이르게 하는 세이렌을 만난 것도 유명한 일화다.

그러나 그가 귀향길 중 가장 오랜 시간을 지체한 곳은 오기기아 섬이었다. 이 섬에는 아틀라스의 딸, 요정 칼립소가 있었는데 그녀는 오디세우스에게 한눈에 반해 7년 동안이나 그를 붙잡고 놓아주지 않았다. 칼립소는 오디세우스를 불사신으로 만들어주

지오반니 도메니코 티에폴로, 〈트로이 목마의 행렬〉, 1773

야코프 요르단스, 〈폴리페모스의 동굴 안에 있는 오디세우스〉, 1635

겠다고 약속하며 자신과 함께하자고 유혹했다. 그러나 오디세우스는 고향에 둔 아내와 자식을 잊지 못했다. 그는 매일 고향을 그리워하며 울었다.

19세기 스위스의 화가 아르놀트 뵈클린(Arnold Böcklin, 1827-1901)의 작품 〈오디세우스와 칼립소〉는 오기기아 섬에서 고향을 그리워하는 오디세우스의 모습을 표현하고 있다. 작품 속에서 오디세우스는 자신의 고국인 이타카와 가족들을 그리며 바다를 바라보는 중이다. 커다란 바위 위에 서 있는 오디세우스는 고개를 푹 숙이고 두 손을 모은 채 우울한 심경을 드러내고 있다. 신화 속 영웅은 마치 바위와 같은 검은색으로 표현되어 있다. 고향으로 향하는 오디세우스의 여정이 앞으로도 쉽지 않을 것임을 암시하는 듯 보인다. 어두운 색채의 오디세우스와는 반대로 바위 아래에 앉아 있는 칼립소는 밝은 색채로 뚜렷하게 표현되어 있다. 그녀는 고개를 젖힌 채 여유로운 자세로 오디세우스를 바라보는 중이다.

대체로 영웅의 모습을 그린 명화는 그들이 용맹하게 역경을 극복하는 순간을 담아낸다. 테세우스가 반인반수의 괴물 미노타우로스를 물리친 순간이나 페르세우스가 메두사의 머리를 잘라낸 장면이 그 예다. 반면 〈오디세우스와 칼립소〉는 영웅의 허약한 면모, 가장 나약해진 순간을 그려내고 있다는 지점이 흥미롭다.

그리스 신화 속 영웅의 이야기는 우리의 일상과는 먼, 딴 세상 이야기로 느껴지기도 한다. 그러나 자세히 살펴보면 그들의 여

아르놀트 뵈클린, <오디세우스와 칼립소>, 1883

정은 우리 삶의 여정과 놀랍도록 닮아 있다. 신화학자 조지프 캠벨(Joseph Campbell)은 "영웅의 모험은 그가 삶에서 깨달음을 얻은 순간을 나타낸다"라고 말한 바 있다. 영웅이 길을 잃는다거나 자신을 괴롭히는 괴물을 마주하고 물리치는 장면은 인간이 삶에서 깨달음을 얻어내는 순간을 비유한 것이라는 이야기다. 깨달음의 순간은 쉽게 찾아오지 않는다. 인생의 가장 밑바닥, 삶에서 가장 힘겨운 순간을 지날 때, 인간은 새로운 진실에 눈뜨고 더욱 깊은 힘을 찾을 수 있다고 캠벨은 말한다.

뵈클린의 〈오디세우스와 칼립소〉 속 오디세우스의 모습을 떠올려보자. 바다를 향해 눈물짓는 그는 귀향길 중 가장 큰 시련을 만났지만, 어쩌면 인생에서 가장 큰 깨달음을 얻고 있는 중인지도 모른다.

단단해지기 위한 시간을 보내고 있는 것일 뿐

인생의 바닥을 헤집는 순간이 있다. 삶이 엉망으로 꼬여 풀리지 않을 것 같은 시기, 어느 누가 건드리기만 해도 울음이 터질 것만 같은 시기가 이따금 돌아온다. 무생물처럼 아무런 자극과 상처 없이 살아가는 게 소원이 되는 시기도 있다. 그 순간 경험하는 우리의 모든 시련과 고통, 허약한 마음은 무의미한 것일까. 어쩌면 시련과 고통에 별다른 의미가 없다는 사실을 알아차리게 되는 것조차 일종의 깨달음 아닐까.

유튜브에서 '마음을 단단하게 만드는 법'이라는 제목의 영상을 본 적이 있다. 영상에서 뇌과학자 장동선의 말이 인상적이었다. 가재나 게 등의 갑각류가 성장하는 순간은 허물을 벗고 탈피하는 시기, 즉 가장 말랑해져 상처받기 쉬운 시기인데 인간의 마음 역시 비슷하다는 말이었다. 인간이 성장하는 순간은 '가장 많이 상처받는 시기, 무언가 스치기만 해도 아플 정도로 약해져 있는 시기'라는 이야기다.

인간은 인생의 불행, 시련, 고통을 피하기 위해 미래를 예측하고 갖가지 노력을 기울인다. 그럼에도 어쩔 도리 없이 그저 삶을 버텨내야만 하는 순간이 때때로 찾아온다. 시험이나 취업에 연거푸 떨어지거나, 가까운 이와 이별하거나 우울하고 고립된 시간을 지나는 시기. 우리의 마음은 하강곡선을 그린다. 그러나 이런 시기에만 찾아오는 깨달음이 있다. 기쁨과 환희로 가득 차 마음이 허공에 떠 있는 시기에는 알지 못했던 것이 보인다. 타인의 고통과 힘겨움이 비로소 이해되기도 하고, 내 인생을 처음부터 다시 해석해보며 새로운 삶의 태도를 갖추게 되기도 한다.

사실 바닥을 '헤집다'는 표현은 부적절할 수도 있다. '바닥이 정확히 어떤 것인지 알기 위해 버텨내는 시간' 정도의 표현이 적절하지 않을까.

누가 건드리기만 해도 울 것 같은 시기, 가장 허약한 시간을 현재 겪고 있다면 모든 것이 무의미하다고, 후일 이 기억이 상처로만 남을 거라고 속단하지 말자. 당신은 어쩌면 가장 단단해지기 위한 시간을 보내고 있는지도 모른다. 단순히 강한 척하는 마음이 아니라 삶의 우선순위를 따지는 능력, 주변을 이해하고 살필 수 있는 마음을 키우는 중일 수도 있다. 인생의 바닥이 어떤지 알아야 그걸 정확히 딛고 설 수 있다. 우리 각자가 영웅이 되지는 못할지라도, 두 발로 단단히 바닥을 딛고 서게 될 수는 있다.

선택의 순간,
우리에게
필요한 것

&

코로나19가 한창 기세를 떨치던 2020년 여름, 나는 한국에 영구 귀국할 날을 1년 후로 정했다. 나의 휴직 잔여 일수와 아이의 학교 다니는 시기 등을 고려해 정한 날짜였다.

코로나19로 인한 혼란이 계속되면서 내가 머물고 있던 작은 나라의 상황이 갈수록 나빠졌다. 원래부터 정책이 불안정하고 예측 불가능한 나라였다. 이 국가가 전염병에 적절히 대처하리라 기대한 적은 없었지만, 상황은 예상보다 더 불안정했다. 아무런 예고 없이 한밤중에 정부가 입국 제한이나 봉쇄를 결정한 뒤 태연스레 자정에 발표하는 일이 일상이었다. 갑작스러운 락다운 결정으로 마트나 편의점에 생필품을 사기 위해 사람들이 붐비는 대소동도 반복됐다. 강경한 처방에도 불구하고 전염병 상황은 최악으로 치달았다.

열악한 상황에서도 큰 동요 없이 자신의 생업과 취미 생활 등을 이어가는 한국인 이웃들이 많았다. 그러나 나는 달랐다. 전염병과 어이없는 대처까지 더해지니 인내심은 바닥을 보였다. '나'라는 존재가 사라지는 느낌 속에 해외 생활을 4년째 버텨오던 터였다. 내가 좋아하는 크고 작은 행위들, 이를테면 홀로 미술관 구경을 한다거나 서점에 간다거나 깨끗한 거리를 걷는 것, 누구의 엄마나 아내가 아닌 '나'를 알고 있는 옛 지인들을 만나 이야기하는 행위 자체가 불가능한 이 모든 상황을 더 이상 참을 수가 없었다.

코로나 상황 이후 '미래를 위해 현재를 희생하는 삶'에 대한 회의감도 찾아왔다. 우리 부부는 미래의 경제적 안정과 아이의 교육을 위해 이곳의 생활을 선택했다. 그러나 알 수 없는 미래 때문에 현재를 담보로 잡고 지내는 게 맞는 일인지 근본적인 의문이 들었다. 고민을 하던 나는 조용히 1년의 결정 기한을 정했다. 1년만 더 버텨보자. 열두 달 후에도 '이건 아니다'라는 답이 나오면 이곳을 떠나자는 결심이었다.

1년이라는 기한은 길고도 짧았다. 하루에도 몇 번씩 생각이 엎치락뒤치락했다. 한국에 돌아간다고 해서 다시 예전의 나처럼 살 수 있을까? 아닐 게 분명하다. 무엇보다 나는 지금 한 아이를 보살펴야 하는 엄마다. 남편이 한국으로 이직하지 않는 한, 홀로 아이를 데리고 귀국해야 할 것이고, 혼자 양육을 해야 한다. 직장에도 복직해야 한다. 내 결정 때문에 가족은 서로 떨어진 채 생활해야 할 수도 있다.

중동에서 누리던 몇 가지 이점들도 생각났다. 일단 이곳에서 남편의 벌이는 한국에서보다 좋은 편이었다. 퇴근 시간도 빨랐다. 코로나 이전까지 나는 한국의 지인들이 보기에 '팔자 좋은 여자'였다. 아이를 국제학교 유치부에 보내고 남편은 외국 기업에 다니며, 1년에 몇 번씩 비행기를 탈 수 있는 사람. 휴직한 채 내 손으로 아이를 키울 수 있는 엄마. 나에게 어울리는 역할인지 그 여부는 뒤로 미루더라도, 객관적으로 좋은 조건이었다. 즐길 거리는 거의 없지만, 가족과 보낼 수 있는 시간 여유가 충분했다.

힘든 시간을 몇 년만 더 버티면 아이도 영어를 익히고, 내 시간도 많아질 테고, 남편도 이곳의 여유 시간을 누리는, 괜찮은 생활이 가능할지도 모른다. 우리 가정의 미래를 생각하면, 나만 좀 참으면, 내 욕구를 조금 내려놓고 포기하면…. 이런 생각이 이어지자 한국에 1년 후 돌아가겠다는 결론을 쉽게 내릴 수 없었다. 이곳의 생활을 더 이상 못 참겠다며 고개를 흔들다가도 내 안의 누군가가 속삭이는 목소리를 들었다.

'남들은 잘 적응하고 해내는 일을 왜 너만 못 하니. 어째서 그렇게 이기적이야. 네 선택 때문에 남편과 아이가 괴로울 거라는 생각은 못 해? 너를 조금도 포기 못 하는 이유가 뭐야. 원하는 모든 걸 누려야겠어?'

하루에도 몇 번씩 결정을 뒤집었다가 바로 놓기를 반복했다. 선택의 갈림길에 서 있는 건 생각보다 쉽지 않았다.

그는 왜 끊임없이 고민했을까,
햄릿

선택의 기로에 서서 길을 헤매는 인간의 전형이라고 하면, 역시 윌리엄 셰익스피어(William Shakespeare)의 희곡『햄릿』이 떠오른다.

주인공 햄릿은 덴마크의 젊은 왕자였다. 어느 날 그의 앞에 얼마 전 돌아가신 아버지의 유령이 나타난다. 선왕의 유령은 햄릿에게 동생 클로디어스(햄릿의 숙부)가 형인 자신을 독살했다고 말한다. 클로디어스는 이미 덴마크 왕위를 물려받고 햄릿의 어머니인 거트루드와 결혼한 상태였다. 유령의 이야기를 들은 햄릿은 의심을 거듭한다. 자신 앞에 나타난 이 존재는 정말 선왕의 유령이 맞는가? 그가 진실을 들려준 것인가? 확신을 얻기 위해 젊은 왕자는 미치광이 행세를 하며 주변 사람들의 반응을 살펴본다. 이후 궁전에 도착한 유랑극단에게 '왕이 동생에게 살해당하는 내용의 연극'을 상연해달라 부탁한다. 연극을 감상하며 아연실색하는 숙부 클로디어스를 보고 햄릿은 그의 유죄를 확신한다.

아버지를 독살한 범인을 확인한 뒤, 햄릿은 본격적인 선택의 기로에 선다. 아버지의 복수를 위해 클로디어스를 응징할 것인가, 아니면 거대한 비밀을 덮어두고 스스로 죽음을 택해 주변의 평화를 지킬 것인가. 젊은 왕자는 고민을 이어가지만 쉽게 결론을 내리지 못한다.

외젠 들라크루아, <햄릿, 아버지의 유령을 보다>, 1843

많은 화가들이 고뇌를 거듭하는 젊은이의 모습을 화폭에 담아냈다. 프랑스 혁명을 다룬 〈민중을 이끄는 자유의 여신〉으로 유명한 19세기 프랑스의 낭만주의 예술가 외젠 들라크루아(Eugène Delacroix, 1798-1863) 역시 마찬가지였다. 그의 작품 중 하나인 〈묘지에 있는 햄릿과 호레이쇼〉를 살펴보면 햄릿의 고뇌가 어디에서 비롯되었는지 짐작할 수 있다.

작품은 『햄릿』의 제5막 1장의 장면을 다루고 있다. 햄릿은 자신의 연인이었던 오필리아의 장례를 보기 위해 신하이자 친구였던 호레이쇼와 공동묘지에 들른다. 묘지에서 땅을 파던 사람이

외젠 들라크루아, <묘지에 있는 햄릿과 호레이쇼>, 1839

꺼내 올린 해골은 햄릿의 어린 시절 궁정 광대로 있었던 요릭의 두개골이다. 들라크루아의 작품 속에는 두 명의 무덤 파는 사람이 등장한다. 그중 한 명이 해골을 높이 치켜들고 있기에, 그림 감상자의 시선은 자연스럽게 가운데에 있는 해골에 향한다. 죽음을 상징하는 해골. 다소 우울한 모습의 햄릿은 흠칫 놀란 표정으로 해골을 유심히 지켜보는 중이다. 셰익스피어의 작품 속에서 햄릿은 요릭의 해골을 통해 '생의 부질없음'에 대해 읊조린다. 그는 천하의 알렉산더 대왕이라 할지라도 죽음 이후 흙 속에 파묻히면 모두 같은 몰골의 해골이 된다는 사실을 이야기한다.

극 중에서 햄릿은 인간의 본성, 생(生)과 사(死), 운명의 방향에 대해 끊임없이 고민한다. 그의 모든 독백은 결국 '복수를 택할 것인지 아닌지'에 대한 고뇌에서 출발한다. 자신의 선택이 불러올 모든 결과와 영향력, 그것의 부질없음과 삶의 의미를 오가며 번민함에도 불구하고, 젊고 영리한 왕자는 정작 제일 중요한 결정을 늦춘다.

이러한 햄릿에 대해 대문호 요한 볼프강 폰 괴테(Johann Wolfgang von Goethe)는 다음과 같이 평한 바 있다.

"훌륭하고 숭고하며 도덕적인 인간이지만, 영웅적인 기력이 부족하여 스스로 짊어지지도 못하고 던져버리지도 못하는 무거운 짐을 진 채 거꾸러지고 말 인간이다."

햄릿의 성격과 행동에 대해 다양한 해석이 존재한다. 나 또한 생각해본다. 햄릿의 치열한 고민, 정확한 셈법은 그의 결정에 도움을 주었는가? 그렇지 않다. 이야기는 대다수 등장인물의 죽음이라는 비극으로 마무리된다.

되짚어보면 햄릿은 자신의 선택으로 인해 짊어져야 하는 짐의 무게를 끊임없이 생각했으나, 정작 자신이 버려야 할 짐이 무엇인지는 결정하지 못했다. 그가 무책임하거나 비겁한 인간이었기 때문은 아니다. 오히려 신중하고 꼼꼼하게 모든 상황을 고려한 것이 문제를 불러일으켰다. 버릴 건 버리고 필요한 짐만 짊어지고 갈 생각을 하지 않은 것. 그의 비극은 이 지점에서 시작하는 게 아닐까.

'햄릿 증후군'의 이면

햄릿은 철저한 사고형 인간이다. 러시아의 대문호 이반 투르게네프(Ivan Turgenev)는 인간의 유형을 '햄릿형 인간'과 '돈키호테형 인간'으로 분류하기도 했다. 자신의 선택에 망설임 없이 돌진하는 돈키호테형 인간과 달리, 햄릿형 인간은 자신의 선택에 따른 결과와 영향력에 대해 고민을 거듭하다 뒤늦은 결정을 내린다. 확실한 결정을 내리지 못해 선택의 시기를 미루거나 타인에게 결정을 맡기는 현상을 '햄릿 증후군'이라 일컫기도 한다.

나 역시 해외 생활을 끝낼 것인지 고민하던 1년간 햄릿 증후군에 시달렸다. 플러스와 마이너스의 셈을 거듭하는 데 주력했다. 이 나라를 떠나게 되면 내가 '얻을 것'과 '잃을 것'은 무엇인가? 셈의 결과가 과연 플러스로 기울어질까? 계산을 조금이라도 잘못하면 먼 훗날 후회의 구렁텅이로 빠져들 것만 같아 더욱 치열하게 머리를 굴렸다. 그러나 되짚어보니 이런 식의 계산은 아무런 답도 주지 못했다. 끊임없는 계산보다는 선택으로 인해 내가 '버려야 할 짐'과 '책임져야 할 짐'을 구분하는 과정이 필요했다.

잔인하지만 냉정한 사실도 알아챘다. 중동에 사는 동안 나는 스스로의 생활을 책임지지 않고 허공에 떠 있는 태도, 관조적인 자세로 일관하며 지내왔다. 글쓰기나 육아를 핑계로 대며 거의 모든 일—은행과 행정 업무, 경제 활동 등—을 남편에게 미뤘다. 스스로를 자립적이고 주체적인 인간이라 자부해온 나에게 마음 불편한 일이었지만, 한편으로 몸은 편안한 생활이었다. 이곳에 계속 머문다면 관성의 법칙에 의해 그러한 생활을 이어가게 될 것이 뻔했다.

중동에서 삶을 선택할 경우 나는 스스로 행복하지 않은 이유를 불편한 이 나라 탓, 남편 탓을 하면서 적당히 비겁한 태도로 임하며 지낼 예정이었다. 반면 한국으로 돌아간다면 그에 따른 책임도 전부 내가 짊어져야 하는 상황이 된다. 선택으로 인해 좋지 못한 결과가 나타나더라도 그 역시 내 탓이 되며 다른 누구를 책망할 수 없다. 솔직히 말하자면 그 점이 두려웠다. 이 나라의 환경이나 타인 탓을 하면서 그 뒤에 숨어 살고 싶은 욕구가 마음 깊은 곳에 있었다.

이 사실을 깨닫고 난 뒤 모든 셈을 관두었다. 계산은 뒤로 미뤄두고 무엇을 책임질 것인지 생각해보기 시작했다. 오랜 생각의 결과 중동에서의 시간을 벗어나기로 결정했다. 누군가의 뒤에 숨지 않고, 인생의 행복과 불행을 스스로 책임지기로 마음먹었다.

가끔 선택의 기로에 놓여 괴로움에 빠질 때가 있다. 선택에 따른 플러스와 마이너스를 명확히 파악하기 위해 머릿속으로 계산을 거듭한다. 그러나 모든 걸 다 쥐고 싶다는 전제를 밑바탕에 둔 계산은 의미 없는 경우가 많다. 책임질 것만 짊어지고 가는 용기가 필요한 순간도 있다. 어차피 미래는 내 의지대로 결정되는 것이 아니다. 좋은 일과 나쁜 일은 흘러가게 마련이며, 어떠한 결과라도 정면으로 마주해야 하는 순간은 온다. 어떤 선택이든 완벽한 정답은 없다. 억울하고 슬프지 않는 한도 안에서 선택을 하고 내 몫의 짐을 짊어지고 걸어가는 것. 정답이 아닐지라도 택해야만 하는 답일지도 모른다.

가난이 머리를 삼켜버리지 않게

&

우리 집의 가난을 인식한 건 고등학교 2학년 때였다. 물론 이전부터 집안 사정은 풍족하지 않았다. 초등학교 시절까지는 부모님이 운영하던 가게 뒷방에서 살았다. 샤워할 수 있는 공간은 당연히 없었고, 다른 건물에 위치한 상가 공동화장실을 쓰며 지냈다. 가게 뒷방을 벗어난 뒤에도 낡고 오래된 집들을 옮겨가며 지냈다. 내가 스무 살이 되던 해까지 우리 집의 주거 형태는 쭉 월세였다.

가정 형편이 어렵다는 걸 피상적으로 알고는 있었지만, 그 사실에 대해 깊이 생각한 적은 없었다. 세상 사람들이 대체로 비슷하게 사는 줄 알았기 때문이다. 가난이 내 삶에 큰 영향을 미친다고 느낀 적도 없었다. 엄마는 자신이 처한 상황을 한탄하는 사람이 아니었다. 놀라울 정도로 묵묵히, 고단한 인생을 버텨내는 분이었다. 피로한 일상에서도 나를 매주 도서관에 데리고 다니는 일도 잊지 않았다. 나 역시 물질적으로 바라는 것이 적은 아이였다. 사고 싶은 건 우리 집의 수입 한도 안에서 자동 조절될 정도였다. 주변 상황에 큰 관심이 없었던 나는 우리 집의 구구절절한 사정을 깊이 있게 생각하지 않았다.

그러다 고등학교 2학년 때, 작은 사건이 있었다. 우리 가족이 지내던 월셋집 천장에서 물이 샜고 벽지가 젖었다. 집주인 할아버지는 비용 절감을 이유로 도배를 자신이 직접 하겠다고 나섰다. 그가 도배를 하는 며칠 동안 우리 가족은 집주인이 제공한 건물의 옥탑방에서 지내야 했다. 그러던 어느 날이었다. 혼자 일찍 하교를 했는데 옥탑방 열쇠가 언니에게 있었다. 집주인 할아버지에게 요청하면 되지만 그러고 싶지 않았다. 할아버지의 퉁명스러운 말투를 듣기 싫었기 때문이다. 옥상으로 올라가는 계단에 쪼그려 앉아 회색 시멘트벽을 바라보는데 문득, 우리 집이 정말 가난하다는 생각이 들었다. 어릴 때의 기억도 몇 가지 되살아났다. 손님이 이유 없이 엄마에게 내뱉던 험한 말을 가게 뒷방에서 숨죽여 엿듣던 기억, 경제적 상황 때문에 수도 없이 벌어진 집안싸움의 현장. 개별적으로 존재하던 기억들이 느닷없이 떠올라 '가난'이라는 단어에 엉겨 붙었다. TV에서 보면 가족의 모습은 풍족하던지, 아니면 화목해 보이기라도 하던데(물론 지금은 이게 굉장한 착각이라는 걸 잘 알고 있다) 우리 집은 어째서 어느 쪽에도 속하지 못하는 걸까. 이 상황에 개선의 여지라는 게 있긴 한 건가. 갑작스레 찾아온 서러움과 서글픈 감정이 며칠 동안 마음속을 맴돌았다.

엉겨 붙은 감정과 싸우던 날, 우연히 새벽에 고(故) 신해철의 「고스트 스테이션」이라는 라디오 방송을 들었다. 누군가의 사연이 흘러나오고 있었다.

“저는 고등학생인데 집이 너무 가난합니다. 친구들 집에 가보면 우리 집 사정과 너무 비교가 돼요. 저도 동생도 아직 학생이고, 엄마는 힘들어하세요. 앞날이 막막하게 느껴져요. 저희 집 사정이 나아지기는 할까요?”

어떤 답이 나올지 궁금해하며 답변을 기다렸다. 당시 ‘마왕’이란 별명으로 불리던 DJ 신해철이 나지막한 음성으로 이야기했다.

“지금은 막막하겠지만 학생인 당신과 당신 동생이 크면 상황이 달라질 수 있다. 고등학교든 대학교든 졸업을 한 후 자녀들이 돈을 벌어 한 입씩 부담을 덜게 되면 엄마의 짐도 서서히 줄어들 것이고 집안 사정도 약간씩 나아질 것이다. 한번에 큰 부자가 되지는 않더라도 집안 사정이 늘 나쁘지는 않을 것이라 생각한다.”

극적인 처방전은 아니었으나, 담담한 조언에 가라앉았던 마음이 다시 떠올랐다. 그렇구나. 언니와 내가 커서 돈을 벌기 시작하면 상황이 조금씩 달라질 수 있겠구나. 막막한 상태가 언제까지나 지속되지는 않겠구나. 엉켜 있던 마음의 매듭이 조금씩 풀리기 시작했다.

가난 앞에서 한 발짝씩 걸음을 뗄 때, 〈세탁하는 여인〉

가난했던 시절을 떠올릴 때마다 생각나는 화가가 있다. 가난한 이들의 삶을 동정이나 과장, 향수의 시선 없이 있는 그대로 화폭에 담아낸 예술가, 오노레 도미에(Honoré Daumier, 1808-1879)다.

19세기 프랑스의 사실주의 화가인 도미에는 프랑스 마르세이유에서 유리 직공의 아들로 태어났다. 빈곤한 집안 형편 때문에 그는 열세 살 때부터 서점이나 법률사무소에서 일하며 생계를 이어가야 했다. 경제적으로 어려운 처지임에도 불구하고 그림에 대한 열정을 놓지 못했던 그는 주로 독학으로 미술을 공부하다 마침내 그림을 업으로 삼으며 살아가기에 이른다.

당시 프랑스는 산업 자본주의의 발전으로 빈부격차가 심화되던 시기였다. 시민혁명 이후 프랑스의 혼란기가 이어지던 때이기도 했다. 1830년 7월 혁명으로 왕위에 오른 루이 필리프(Louis-Philippe Ier)는 부패한 정치를 거듭했다. 노동 계층의 정치적·경제적 불만이 팽배하던 시기에 도미에는 잡지 「라 카리카튀르」에 풍자화를 그리는 일을 맡았다. 그는 서민을 착취하는 탐욕스러운 왕의 모습을 그리는 등 날카로운 풍자가 돋보이는 그림을 내보였다. 그가 그린 〈가르강튀아〉라는 그림에는 노동자 계층이 먹을 것을 가져다 바치면 왕이 이를 게걸스럽게 먹고, 그가 배설하는 것을 귀족이나 부르주아 들이 주워 담는 모습이 담겨 있다. 이런 식의

오노레 도미에, 〈가르강튀아〉, 1831

오노레 도미에, 〈삼등 열차〉, 1862

풍자적 표현이 문제가 되어 도미에는 6개월간 감옥살이를 하기도 한다.

날이 갈수록 검열이 심해지자 도미에는 직접적인 풍자보다 서민들의 삶에 주목하며 작품 활동을 이어갔다. 그는 당대에 유행하던 낭만주의나 자연주의에 부합하는 그림을 그리지 않았다. 그저 파리 사람들의 일상을 사실적으로 그려내는 데 주력했다. 1862년에 그린 작품 〈삼등 열차〉를 보면 고단한 사람들의 일상을 그리면서도 정감 가는 모습을 놓치지 않았던 화가의 노력이 느껴진다.

서민의 일상을 그린 도미에의 작품이 여럿 있지만, 그중에서도 〈세탁하는 여인〉은 가난의 풍경을 군더더기 감정 없이 풀어낸 작품이다. 그림을 잠시 살펴보자. 파리의 센 강에서 세탁을 마친 여인이 아이의 손을 잡고 계단을 오르는 중이다. 당시 노동자 계층의 여인들 중 다수가 세탁을 업으로 삼아 생계를 이어갔다. 여인의 한 손에는 그녀의 일 더미인 무거운 빨랫감이 들려 있다. 엄마의 손을 꼭 잡은 아이는 힘겹게 계단을 올라가는 중이다. 아이가 올라가기에는 가파른 계단임을 짐작할 수 있다. 뒤편에는 파리의 고급 주택가의 모습이 화사하게 펼쳐져 있다. 밝고 경쾌한 색채의 배경에 비해, 여성과 아이의 모습은 어둡게 처리되어 있다. 얼굴 윤곽 역시 생략된 상태다. 산업화로 풍요를 이뤄가던 당시, 사회에서 소외된 도시 빈민 계층의 모습을 표현하려는 의도라는 해석도 있다.

오노레 도미에, 〈세탁하는 여인〉, 1860-1861

어둡고 막막해 보이는 상황이지만, 눈에 띄는 부분이 있다. 아이와 엄마가 꼭 쥐고 있는 손이다. 여인은 아이가 계단을 제대로 오르고 있는지 고개를 숙여 살펴보는 중이다. 그의 모습이 가녀리거나 서글퍼 보이지는 않는다. 도리어 강인해 보이는 팔뚝과 자세가 눈에 띈다. 가난 앞에서도 가파른 계단을 묵묵히 걸어 오르는 엄마와 아이, 그들이 굳게 잡은 손을 보고 있노라면 조용한 의지가 느껴진다.

화가는 두 사람에게 함부로 동정의 눈길을 던지지 않았다. 가난의 모습을 과장되게 그려내지도 않았다. 계단을 오르는 아이와 엄마의 모습을 진실된 눈으로 그려낼 뿐이다. 두 모녀의 꼭 붙잡은 손, 험난한 계단을 올라서는 자세를 통해 우리는 짐작할 수 있다. 힘겨운 과정에서도 그들은 자신의 상황을 받아들이며 담담히 앞으로 나아갈 것임을.

가난을 마주하는 자세

도미에는 〈세탁하는 여인〉을 통해 선부른 낭만이나 대책 없는 서글픔을 제거한 채 가난의 풍경을 펼쳐냈다. 상념 없이 가난을 바라보고 앞으로 나아가겠다는 의지. 모녀의 모습에서 열여덟 살의 내가 품었던 다짐을 떠올리게 된다.

나는 고등학교 졸업 후 무사히 대학에, 그것도 등록금이 부담스럽지 않은 대학에 입학할 수 있었다. 진로 결정에 고민은 있었으나 빨리 졸업해 돈을 벌어야겠다는 생각에 임용고사에 매진했다. 취업해서 엄마의 부담을 덜어주고 싶었다. 운이 닿아 대학을 졸업하고 얼마 되지 않아 일을 시작할 수 있었다.

언니도 나도 취업을 하고, 돈을 버는 사람이 하나하나 늘어나자 집안 사정도 조금씩 나아졌다. 취업 후 내가 번 돈으로 하고 싶었던 일을 하나씩 해냈다. 해외여행을 다녀왔고, 이따금 좋아하는 취미도 즐겼다. 경제적으로 집안을 도울 일도 생겼지만, 다행히 심각한 일은 아니었다. 내가 할 수 있는 선에서 부담했다. 억울하지 않을 만큼 집안을 돕고, 기본적으로 날 위해 살아가자는 마음이 있었다.

일을 하다 적성에 맞지 않는다는 회의감이 찾아오는 때도 있었다. 생계를 위해 꾸역꾸역 일한다는 생각에 마음이 답답해졌던 순간도 있었다. 그러나 대학을 졸업하자마자 밥벌이를 시작한 사실 자체에 후회는 없었다. 현실 감각이 많이 떨어지던 나였는데, 직장 생활을 통해 사람과 세상에 대해 조금이라도 깨닫게 된 바가 있었기 때문이다.

성인이 된 후, 집안 배경이 다른 이들을 보면 위화감을 느끼기도 했다. 취향이라는 걸 쌓아가며 소비를 해온 사람들, 여유로운 상황에서 다양한 기회를 잡은 이들, 부모님의 적극적 도움과 조언을 받으며 지내온 이들을 보며 보이지 않는 벽을 느낀 적도 있다. 가성비만 따지며 살아온 내 빈곤한 취향이 가끔은 부끄럽게 느껴졌다. 이따금 근본적인 고민도 찾아왔다. 처음부터 풍족하고 넉넉한 환경에서 살아온 이들, 시작점이 다른 이들을 노력으로 따라갈 수 있을까? 그러나 마음 한편에 스스로에 대한 희미한 자부심도 있었다. 나는 내 힘으로 새로운 경험과 취향을 쌓아가고 있었으니까.

집안 사정이 어려우면 빨리 취업해 돈을 벌어야 한다는 이야기를 하려는 건 아니다. 열심히 노력하면 가난을 쉽게 벗어날 수 있다고 말하고 싶지도 않다. 이런 얘기를 늘어놓기엔 나는 여러모로 운이 좋은 편이었으니까. 세상이 불공평하다는 건 부인할 수 없는 사실이기도 하고.

다만 당신이 가난 때문에 힘들다면, 그것이 당신의 머릿속 전체를 삼키지 않았으면 좋겠다. 부와 가난이라는 프레임으로 인생 전체를 해석하고 모든 상황을 풀어내면, 앞으로 나아갈 힘이 생기지 않는다. '내가 이렇게 가난해서, 태생적으로 불행을 껴안고 태어났으니 어떤 노력도 소용없다'는 식으로 인생 전체를 바라보면 무기력해지고 슬퍼지기 쉽다. 자신에게 도움이 되는 해석이 아닐뿐더러 예전의 나처럼 편협한 눈으로 타인을 바라볼 가능성도 높다. 나는 자주 타인의 행복을 바라보며 '저 사람은 풍요롭게 자랐기 때문에, 운이 좋아서 근본적으로 행복한 거야'라는 식의 해석을 거듭했다. 결과적으로 '나는 행복을 잡기 어렵다'는 결론에 이르니 갈수록 마음이 힘들어졌다. 피해의식을 바탕으로 온 세상만사를 해석하는 건 누구보다 나를 갉아먹는 일이었다.

사회가 불공평하게 느껴지는 마음, 막막한 현실 앞에서 서러운 마음이 솟구칠 때도 있을 것이다. 그러나 지금 당장은 겁내지 않고 한 발짝 나아가는 노력 정도는 필요하다. 피해의식, 서러움, 슬픔으로 복잡하게 엉킨 마음을 토닥여준 뒤, 앞을 바라보는 게 좋다. 어느 누구도 아닌 나 자신을 위해서.

익숙했던 나와 이별을 고하는 순간

"나는 누구? 여긴 어디?"라는 우스갯소리가 있다. 대개 낯설거나 당황스러운 상황에 맞닥뜨릴 때 사람들이 내뱉는 대사다. 내 정체를 잊을 만큼 당황스러운 상황에 매몰될 때 많은 이들이 중얼거리는 말이기도 하다. 가끔 생각해본다. 이 웃기고도 씁쓸한 대사는 셰익스피어의 희곡『리어왕』속 문장에서 비롯된 말 아닐까.

리어왕은 원래 브리튼 왕국에서 가장 존귀한 권력자였다. 그에게는 자신의 정체에 의문을 품을 이유가 없었다. 왕국을 딸들에게 나누어준 이후에도 오만함에 젖어 지내다 결국 모든 곳에서 내쫓긴다. 갈 데 없는 미천한 존재가 된 뒤 왕은 광야의 어둠 속에서 부르짖는다.

"내가 누구인지 말할 수 있는 자는 누구인가."

나 역시 가끔 "나는 누구인가"를 중얼거리던 시기가 있었다.

물론 리어왕처럼 비장하게 부르짖은 건 아니고, 혼잣말로 힘없이 중얼거리는 경우가 많았다. 해외에서 지내던 때였다. 낯선 타국의 언어를 알아듣지 못해 상점에서 동문서답하거나, 집안에서 아이가 흘린 걸 주섬주섬 주우며 지내던 날들. 이따금 혼잣말을 내뱉었다.

"나는 누구지? 대체 내가 여기에서 왜 이러고 있는지 알려줄 사람 어디 없나?"

한국에 살던 시기에는 품지 않았던 의문이었다. 교사, 직장인, 누군가의 친구, 동료. 리어왕처럼 세상을 발아래 둘 만큼 위풍당당하게 산 건 아니었으나, 나를 규정할 명확한 단어가 있긴 했다. 그 모든 게 공기처럼 당연하다고 생각했다. 낯선 곳에서 생활을 하며 생각의 전환점이 찾아왔다. 나를 둘러쌌던 언어를 잃은 순간. 누군가의 아이나 엄마, 아내, 이방인이라는 단어 정도가 나에게 남아 있는 전부였다. 처음으로 경계인, 어디에도 속하지 않는 어정쩡한 위치임을 실감했다. 자신만만함이 온데간데없이 사라졌고, 정체감 혼란이 이어졌다.

가끔 그때의 나와 비슷한 질문을 던지는 이들을 보았다. 아이를 낳은 후 사회적 생활을 중단한 채 고립감에 시달리는 주부, 은퇴 후 나를 설명할 단어가 없어 삶이 뿌리째 흔들리는 느낌을 받는다 말씀하신 어르신, 거대한 고통에 직면한 이들도 크게 다르지 않은 의문을 품고 있었다. 사랑하는 이를 잃은 지인은 자아정체감뿐 아니라 삶의 의미 자체가 흔들리고 있음을 고백했다. 갑작스럽게 실직을 당해 스스로를 증명할 명함을 잃은 이들도 있었다. 예상치 못하게 커다란 병을 얻어 오랜 병원 생활을 시작한 친구 역시 비슷한 아픔을 겪는 중임을 털어놓았다. 많은 이들이 스스로가 해체되어가는 통렬한 아픔, 허무한 감정에 시달리고 있었다.

내가 해체되어가는 순간, 〈전함 테메레르의 마지막 항해〉

내 존재에 대한 혼란이 찾아올 때마다 떠올려본다. 해체를 앞두고 마지막 항해 중인 전함의 모습을. 영국의 풍경화가 조지프 말러드 윌리엄 터너(Joseph Mallord William Turner, 1775-1851)의 그림 속에 등장하는 '전함 테메레르호' 이야기다.

터너는 18세기 영국 런던에서 이발사의 아들로 태어났다. 교외에 위치한 삼촌의 집 근처에 머물며 농촌의 풍경을 그리면서 자랐는데, 어린 시절부터 그림에 타고난 재능을 보인 소년이었다. 14세 무렵에 이미 로열아카데미에 입학해 수채화를 배웠고, 네덜란드 풍경화가들의 영향을 받아 스무 살부터 풍경 유채화를 그렸다. 24세 때는 아카데미의 준회원으로 입성했고, 그로부터 3년 후 드디어 1802년에는 정회원으로 선출된다. 빠른 출세의 길을 걸었던 그였다.

이후 프랑스로 건너가 영국과 타국의 문화와 자연을 체험하

조지프 말러드 윌리엄 터너, 〈바다 위의 어부들〉, 1796

조지프 말러드 윌리엄 터너, 〈비, 증기, 그리고 속도-대 서부 철도〉, 1844

는 기회를 가진 터너는 풍경화를 그리며 각광받기 시작한다. 그의 작품은 빛으로 가득 찬 극적인 세계를 담아냈다. 터너의 작품 속 자연은 단순한 풍경이 아니었다. 시시때때로 변화하는 인간의 감정을 반영하고 표현하는 대상이었다. 역동적이고 화려한 풍경이 담긴 작품이 탄생했고, 터너의 작품은 감상자들의 마음을 뒤흔들며 인기를 끌었다. 1804년, 서른 살가량의 젊은 나이에 터너는 이미 자신만의 화랑을 열어 많은 이들에게 그림을 주문받는 화가가 된다. 예술가로서 누릴 수 있는 최고의 삶이었다.

풍요로운 삶을 누렸던 터너가 자기 작품 중 어디에도 팔지 않겠다고 단언할 만큼 손꼽아 사랑했던 그림이 있었다. 〈전함 테메레르의 마지막 항해〉라는 제목의 작품이다.

하늘을 붉게 물들이는 석양 아래 배 두 척이 보인다. 불을 내뿜으며 앞서가는 작은 증기선이 관람자의 눈길을 먼저 끈다. 증기선 뒤편에 희미하게 보이는 것은 커다란 함선이다. 이 배가 작품의 주인공인 테메레르호다.

테메레르호는 한때 영국의 자랑거리로 이름을 날렸던 함선이었다. 영국 해군과 나폴레옹이 이끌던 프랑스 군 사이에 벌어진 트라팔가르 해전에서 영국을 승리로 이끈 주역이었다. 한때 위용을 뽐내며 최고의 위치에 있던 전함에도 최후의 순간이 왔다. 산업혁명 이후 증기선이 개발되면서 함선은 효율성이 떨어진 배가 되었다. 터너는 쓸모를 다한 테메레르호가 해체되기 직전, 증기선에 의해 예인되는 장면을 표현했다. 대영제국을 영광의 시대로

조지프 말러드 윌리엄 터너, 〈전함 테메레르의 마지막 항해〉, 1839

이끌던 함선은 이제 곧 산산조각이 날 예정이다.

작품을 그릴 당시 터너는 물과 공기, 불을 표현하는 행위에 매료되어 있었다. 그래서인지 초기작에 비해 추상적인 특징을 보이는 작품이 많다. 두텁게 칠해진 하늘의 붉은 석양은 저물어가는 함선의 시대를 상징하는 듯하다. 뚜렷한 색채로 표현된 증기선에 비해 테메레르호의 모습은 희미하게 표현되어 있다. 주인공답지 않게 힘없이 끌려가는 모습이다.

터너에게 있어 풍경은 인간의 역동적인 감정을 반영하는 것이었다. 테메레르호가 만들어내는 풍경도 그러하다. 과거에 최고의 순간을 맞이했으나 그 위용이 무색하게, 끝내 해체 위기에 놓인 배. 최고의 시절을 누렸으나 점차 내리막길을 걷거나, 세월의 흐름으로 노쇠해진 인간의 모습이 떠오르는 지점이다. 과거의 영광을 되살릴 수 없다는 비애와 처량함, 한 시절이 떠나갔다는 감각. 그림 감상자들은 곧 해체될 함선의 모습을 통해 알 수 없는 애틋함을 느낀다.

이 작품은 2012년 작인 영화 「007 스카이폴」에 등장해 화제를 불러일으키기도 했다. 주인공 제임스 본드는 무기 개발자 Q와 비밀리에 만난다. 이때 두 사람은 〈전함 테메레르의 마지막 항해〉가 걸려 있는 내셔널갤러리에 앉아 대화를 나눈다. 젊은 Q는 벽에 걸려 있는 테메레르호를 가리키며 "세월 때문에 위대했던 전함이 불명예스럽게 끌려가는 모습이라니. 정말이지 세월이란 어쩔 수 없나 봐요"라고 말한다. 테메레르호는 영화 속에서 노쇠한 나이가 된 제임스 본드에 대한 은유로 볼 수 있다. 젊은 시절 뛰어난 활약을 펼쳤지만, 임무 실패와 노쇠한 나이로 은퇴 위기에 놓인 제임스 본드의 처지와 테메레르호의 모습이 묘하게 겹친다. 영화 속 제임스 본드만큼 테메레르호는 지쳐 보인다. 곧 최후를 맞을 듯한 모습이다.

그런데 작품을 계속 감상하다 보니 한 가지 의문이 떠올랐다. 해체의 순간을 맞이했다고 그것을 반드시 함선의 최후로 봐야 할까? 제목과 달리 이 장면이 테메레르호의 끝이 아닐 수 있겠다는 생각이 들었다. 한 시기의 끝은 새로운 시작과 맞닿아 있게 마련이니까. 거대한 함선은 해체된 뒤 다른 배나 건축물의 재료, 땔감으로 쓰일지 모르지만, 이 과정을 통해 배는 또 다른 정체성을 얻을지도 모른다. 위용의 시대는 끝났으나 생의 겸허함을 배운 뒤 얻어낸 새로운 정체성. 어쩌면 테메레르호는 새로운 항해를 시작할지 모르겠다.

해체, 새로운 항해의 시작

〈전함 테메레르의 마지막 항해〉를 보며 해체의 순간을 마주하는 인간을 떠올려본다. 인간에게는 최고의 영광을 누리는 시기가 온다. 영광까지는 아니라 해도 누구에게나 바쁘고 즐겁게 흘러가는 절정의 시기가 존재하게 마련이다. 그러나 즐거운 시기는 영원히 이어지지 않는다. 곧이어 어렵고 지난한 고통의 시기가 다가온다. 이전의 위치로 돌아가기 어렵다는 사실을 깨닫는 순간, 서글픈 마음이 찾아온다. 인생의 의미를 잃거나 정체감 혼란에 빠지는 건 순식간이다. 위기의 순간이라 할 수 있으나 새로운 희망도 있다. 내리막길에 놓이면 인생의 사각지대가 사라지며 새로운 풍경이 펼쳐진다. 삶의 절정기에 알지 못했던 감각을 익힌다.

나도 크게 다르지 않았다. 머나먼 이국에서 경계인으로 살면서 알게 된 것들이 있다. 한국에서는 '좋다-나쁘다', '훌륭하다-형편없다'로 분류 가능한 이분법의 세계를 살았다. 이제는 좋기도 하고 나쁘기도 한 것들, 형편없어 보이지만 훌륭한 것들이 세상에 존재한다는 사실을 안다. 과거에는 빠른 속도로 나아가는 데 몰두하는 인간형이었다면, 삶의 느린 속도를 수용할 만한 겸허함도 익혔다. 나를 둘러싸고 있던 외부 환경이 사라지니, 겉껍데기를 벗은 내가 진정으로 누구인지 질문을 던지게 되었다. 치열하게 고민하고 생각한 결과 '글을 쓰는 사람'이라는 새로운 정체성을 얻었다. 나는 여전히 혼란 속에 있지만, 한편으로 '새로운 나'를 찾는 과정을 거치는 중이다.

그러니 기존의 나를 해체하게 되는 시점이 서글픈 것만은 아니다. "나는 누구? 여긴 어디?"라는 질문은 허망한 의문이 아니라 새로운 길을 찾는 질문이 될 수도 있다. 나를 잃어간다 생각할 때 인간은 역설적이게도 가장 나다운 것이 무엇인지 고민하게 되니까. 자신을 둘러싼 세계가 파괴될 때 인간은 알을 깨고 새로운 세계로 나아간다. 외부에서 주어지는 명함을 내려놓고 나에게 어울리는 역할을 스스로 찾아갈 수 있게 된다. 진정한 나를 찾아가는 여정의 시작이다.

자부심, 자신감, 위풍당당함. 나를 구성하던 입자가 허공에 증발해버린 느낌에 휩싸이는 순간, 익숙했던 나와 이별을 고해야 하는 순간, 해체의 순간은 아플 수 있지만 새로운 기회다. 혼란과 허무한 감정에 매몰되어 좁디좁은 세계를 살 것인지, 타인의 아픔과 고통에 공감하며 더 넓은 세계를 바라볼 것인지는 개인의 선택에 달렸다. 가장 높은 곳에 올라 있을 때 보이지 않던 것들을 알게 되는 순간, 인간은 새로운 항해를 시작할 수 있다.

| 참고 자료 |

- 에른스트. H. 곰브리치, 『서양 미술사』, 백승길·이종숭 옮김, 예경, 2017
- 캐롤 스트릭랜드, 『클릭, 서양미술사』, 김호경 옮김, 예경, 2012
- 호메로스, 『명화로 보는 오디세이아』, 김성진·강경수 엮음, 미래타임즈, 2018
- 차홍규·김성진, 『알수록 다시 보는 서양미술 100』, 미래타임즈, 2018
- 양정무, 『난처한 미술 이야기 7』, 사회평론, 2022
- 로잘린드 오르미스턴, 『알폰스 무하, 유혹하는 예술가』, 김경애 옮김, 씨네21북스, 2021
- 김광우, 『마르셀 뒤샹』, 미술문화, 2019
- 이소영, 『칼 라르손, 오늘도 행복을 그리는 이유』, RHK, 2020
- 호아킨 소로야, 『Joaquin Sorolla 바다, 바닷가에서』, 에이치비프레스, 2020
- 문소영, 『그림 속 경제학』, 이다미디어, 2014
- 태지원, 『그림이 보이고 경제가 읽히는 순간』, 자음과모음, 2019
- 시모나 바르톨레나, 『인상주의 화가의 삶과 그림』, 강성인 옮김, 마로니에북스, 2009
- 어빙 고프먼, 『자아 연출의 사회학』, 진수미 옮김, 현암사, 2016
- 윌리엄 셰익스피어, 『햄릿』, 백정국 옮김, 꿈결, 2014
- 강신주, 『강신주의 감정수업』, 민음사, 2013
- 한동일, 『라틴어 수업』, 흐름출판, 2017
- 한병철, 『피로사회』, 김태환 옮김, 문학과지성사, 2012
- 김용수, 『자크 라캉』, 살림, 2008
- 앤서니 기든스·필립 서튼, 『현대사회학』, 김미숙 외 옮김, 을유문화사, 2018
- 전하현, 『바르비종과 사실주의』, 생각의나무, 2011
- 윌리엄 셰익스피어, 『명화와 함께 읽는 셰익스피어 20』, 김기찬 옮김, 현대지성, 2016

- 크리스토퍼 보글러, 『신화, 영웅 그리고 시나리오 쓰기』, 함춘성 옮김, 비즈앤비즈, 2013
- 조지프 캠벨, 『영웅의 여정』, 박중서 옮김, 갈라파고스, 2020
- 이반 투르게네프, 『투르게네프의 햄릿과 돈키호테』, 임경민 옮김, 지식여행, 2020
- 송하영, '뒤샹의 레디메이드에 함의된 노마드적 사유', 「문화기술융합저널(JCCT)」, 2021, Vol. 7, Issue 3, pp. 215-222
- 박인권, '생명의 탄생과 삶, 죽음존재의 근원을 묻다', 정책주간지 「공감」, 2020.02.24.
- 고인자, 「인상주의 풍경화에 나타난 빛과 색채의 연구」, 제주대학교대학원 석사논문, 2015
- 아하경제 편집국, '저울을 든 여인과 중상주의', 이코노믹리뷰, 2014.10.15.
- 박우찬, '아르침볼도, 뒤집어라! 세상이 낯설게 다가올 것이다', 사이언스올, 2012.01.25.
- 허연, '카르페디엠! 오늘을 즐겨라', 매경프리미엄, 2022.01.22.
- 안진국, '자기 파괴적 '멜랑콜리아'의 아름다움과 신비로움', 중기이코노미, 2022.04.17.
- 조성준, '현대미술의 아버지 세잔, 그는 56세까지 조롱만 당한 화가였다', 매경프리미엄, 2020.10.16.
- 박인권, '가난하지만 정직하게 살아가는 소시민의 애환', 정책주간지 「공감」, 2021.03.15.
- 정준모, '[그림이 있는 아침] 장 프랑수아 밀레의 〈봄〉', 한경라이프, 2011.06.27.

그림의 말들

초판 1쇄 발행 2022년 9월 21일
초판 2쇄 발행 2022년 10월 4일

지은이 태지원
펴낸이 김선식, 이주화

기획편집 이리현
콘텐츠 개발팀 최혜진, 김찬양
외주스태프 디자인 정란

펴낸곳 ㈜클랩북스 **출판등록** 2022년 5월 12일 제2022-000129호
주소 서울시 마포구 독막로3길 39 603호 (서교동)
전화 02-704-1724 **팩스** 02-703-2219
이메일 clab22@dasanimprint.com
종이 아이피피 **인쇄·제본** 한영문화사 **코팅·후가공** 평창피엔지

ISBN 979-11-978891-6-5 (03180)

• 이 도서는 한국출판문화산업진흥원의 '2022년 중소출판사 출판콘텐츠 창작 지원 사업'의 일환으로
국민체육진흥기금을 지원받아 제작되었습니다.